STRATEGISCHES PERSONAL-MARKETING

WERNER FRÖHLICH

KONTINUIERLICHE
UNTERNEHMENSENTWICKLUNG
DURCH SYSTEMATISCHE
AUSNUTZUNG INTERNER
UND EXTERNER
QUALIFIKATIONSPOTENTIALE

 VERLAG

CIP-Kurztitelaufnahme der Deutschen Bibliothek

Fröhlich, Werner:
Strategisches Personalmarketing: kontinuierl.
Unternehmensentwicklung durch systemat.
Ausnutzung interner u. externer
Qualifikationspotientale/Werner Fröhlich.
Düsseldorf: VDI-Verlag, 1987
ISBN 3-18-870005-9

© VDI-Verlag GmbH · Düsseldorf 1987

Printed in Germany

ISBN 3-18-870005-9

Vorwort

Der Produktionsfaktor Arbeit hat in den vergangenen Jahren in kontinuierlicher Veränderung eine neue Dimension erhalten.

Zu den ehemals vorwiegend körperlichen Belastungen der Arbeitskräfte kommen geistige Anforderungen hinzu. Insbesondere auch durch den Einsatz neuer Technologien haben sich viele Arbeitsinhalte grundlegend geändert. Dies gilt nicht nur für Tätigkeiten im engen Einflußbereich der Produktion, sondern entsprechend auch für den Verwaltungsbereich.

Schon heute sind trotz anhaltend hoher Arbeitslosigkeit für die ständig komplexer werdenden Aufgabenstellungen nicht immer die geeigneten Mitarbeiter zu finden.

Der Konkurrenzkampf zwischen den Unternehmen um die besten Kandidaten wird zunehmend härter, die Perspektive der nachrückenden geburtenschwachen Jahrgänge läßt darüber hinaus erwarten, daß diese Probleme im Zeitablauf tendenziell noch größer werden.

Schon heute ist absehbar, daß sich der Produktionsfaktor Arbeit zum Engpaßfaktor im Unternehmen entwickeln wird.

Die Personalarbeit in den Unternehmen muß zur Bewältigung dieser Probleme eine neue Qualität erhalten.

Kontinuierliche Weiterentwicklung der Unternehmen scheint aus heutiger Sicht davon abhängig zu sein, inwieweit es gelingt, interne und externe Qualifikationspotentiale für das Unternehmen nutzbar zu machen.

Ein umfassendes und systematisches Konzept, das dem möglichen Ansprechpartner Kontinuität, Glaubwürdigkeit und Vertrauen vermittelt, ist sicher ein sinnvoller und erfolgversprechender Ansatz zur Lösung der aufgezeigten Probleme.

Strategisches Personal-Marketing, verstanden als ein klientenorientiertes, mittel- und langfristig ausgeübtes Konzept zur internen Personalerhaltung und externen Personalgewinnung, könnte in diesem Sinn die Rahmenbedingungen für den Produktionsfaktor Arbeit wesentlich verbessern.

Es genügt jedoch nicht, nur ein neues Instrumentarium zu konzipieren; genauso wichtig ist die innere Einstellung und Überzeugung, daß dem Personalsektor eine mitentscheidende Rolle bei der zukünftigen Unternehmensentwicklung zukommt.

Wenn es nicht gelingt, im Unternehmen ein positives Klima für die Entwicklungen auf dem Personalsektor zu schaffen, erscheint die Umsetzung neuer Konzepte schwierig, *zumal* – wie bei den meisten Personalaktivitäten – eine kurzfristige Erfolgsbeurteilung sich rationalen Gesichtspunkten und damit quantitativer Ergebniswertung weitgehend entzieht.

Die Ziele des vorliegenden Buches können wie folgt beschrieben werden:

1. Das Problembewußtsein für die neue Dimension der Personalarbeit als mitentscheidender Faktor der Unternehmensentwicklung soll gestärkt werden.

2. Unter Berücksichtigung der heutigen Schwachstellen des Personalwesens wird das Problemlösungs-Konzept „Strategisches Personal-Marketing" entwickelt.

3. Besondere Aufmerksamkeit wird der Umsetzung des Konzeptes „Strategisches Personal-Marketing" in die Praxis gewidmet, um den Lesern konkrete Anregungen für die Anwendung des Instrumentariums zu geben.

Das vorliegende Buch ist für betriebliche Entscheider mit Bezug zum Produktionsfaktor „Arbeit" geschrieben – für Führungskräfte und Personalleute.

Bewußt ist das Buch eher knapp gehalten und nur mit den notwendigsten Literaturhinweisen ausgestattet.

Es soll überblickartig ohne Anspruch auf Vollständigkeit aufzeigen, in welchem Rahmen die innere Einstellung des Mitarbeiters heute in bezug auf die berufliche Tätigkeit beeinflußt wird und welche Steuerungsmöglichkeiten sich dem Unternehmen durch konsequente Anwendung des Personal-Marketing-Ansatzes bieten.

Es wird versucht, kreative Ansätze und heutige Praxis miteinander zu verknüpfen und jeweils denkbare Schwierigkeiten mit einzubeziehen.

Mit Leben gefüllt werden kann ein solches Konzept nur durch die Anwender, die in ihrem Metier sicher schon so manche leidvolle Erfahrung hinter sich haben. Es wäre sicher ein Schritt nach vorne, wenn die vorliegende Arbeit in diesem Sinne einen positiven Kontrapunkt setzen könnte.

Das vorliegende Buch konnte nur entstehen durch viele wertvolle Anregungen von Kollegen und Mitarbeitern, aber auch durch kritische Auseinandersetzung mit Betroffenen, die sich nicht gerecht behandelt fühlten.

Frau Christel Königsbüscher von den VDI-Nachrichten gilt jedoch mein besonderer Dank, denn sie war es, die durch ihre Begeisterung für dieses Projekt, dem Verfasser so manchen Motivationsschub verlieh.

Große Unterstützung bei der Entwicklung des Personal-Marketing-Ansatzes habe ich von Herrn Jens Nawrocki, der sich dem Thema Personal-Marketing mit Leib und Seele verschrieben hat, erfahren. Dafür sage ich ihm herzlichen Dank.

Dr. Werner Fröhlich
Ingolstadt
Januar 1987

INHALT

Die unternehmerische Funktion des Faktors Personal

Einflußfaktoren der Unternehmenszukunft 1
   Technologischer Wandel 2
   Markt und Wettbewerb 4
   Gesellschaft und Individuum 5
   Folgerungen für das Personal-Management 6

Schwachstellen traditioneller Personalarbeit

Das Personalwesen im Unternehmen, nur notwendiges Übel? 11
Organisatorische und Qualifikatorische
Rahmenbedingungen 14
Das Instrumentarium, Einzelaktionen statt Systematik 17
   Personalplanung 17
   Personalbeschaffung 20
   Personalentwicklung 21
   Humanisierung, Führungs- und Betriebsklima 24

Das neue Bewußtsein der Mitarbeiter

Einstellungs- und Verhaltensänderungen 27
Arbeitsmarkt und Berufswahl 28
Variationen des Berufsweges „Karriere" contra
„innere Kündigung" 34

Personal-Marketing, die Notwendigkeit eines geschlossenen Ansatzes

Die Anwendung des Marketing-Ansatzes
im Personalbereich 41
Personal-Marketing, ein systematisches zukunftbezogenes
Konzept 42
Das Personal-Marketing-Mix 44
Personal-Marketing, aktueller Stand und
Entwicklungstendenzen 48

Personal-Marketing, Darstellung des Instrumentariums und praktische Handhabung

Qualitative Personalplanung 51
   Personaleinsatz und Personalentwicklung 53
   Betriebsklima: Der Aspekt der Zusammenarbeit 54
Zielgruppenorientierte Personalforschung 57
   Unternehmensinterne Personalforschung 58
   Externe Arbeitsmarktforschung 60
   Imageforschung 61
Zeitgemäße Personal-Image-Werbung 63
   Das Instrumentarium der Personal-Image-Werbung 65
   Beispiele zur Personal-Image-Werbung 68
   Zusammenarbeit mit Agenturen und Beratern 76
Effektive Personalbeschaffung 77
   Entscheidungsmerkmal Anforderungs-Qualifikations-
   Abgleich 79
   Das Spektrum der externen Personalbeschaffung 80
   Die Stellenanzeige 82
   Die Einschaltung von Personalberatern 84
Anforderungsgerechte Personalauswahl 86
   Instrumente der Personalauswahl 88
   Das Assessment-Center, Methode der Zukunft? 91
   Das Vorstellungsgespräch und seine Auswirkungen 93
Motivationsorientierte Personalpflege 95
   Qualitative Aspekte
      Einführung neuer Mitarbeiter 96
      Betreuung Nachwuchskräfte 98
      Mitarbeiterbetreuung und Maßnahmen der
      Personalentwicklung 100
   Quantitative Aspekte
      Vertragsgestaltung 104
      Leistungsgerechte Vergütung 106
      Zukunftsweisendes
      Nebenleistungs-Cafeteria-System 108

Fazit und Ausblick 113

Literaturverzeichnis 115

Die unternehmerische Funktion des Faktors Personal

Wenn hier von der unternehmerischen Funktion des Faktors Personal die Rede sein soll, so ist dies nicht eine überhebliche Beurteilung von Personalleuten im Angesicht ihrer eigenen Tätigkeit, sondern vielmehr das Ergebnis einer realistischen Betrachtung der Rahmenbedingungen in unseren heutigen Unternehmen.

Insbesondere unter dem Gesichtspunkt der Zukunftssicherung kommt dem Faktor Personal eine Schlüsselfunktion zu. Wie noch ausführlich gezeigt wird, erhält der Faktor Personal eine derart entscheidende Funktion, daß es unumgänglich erscheint, den Umgang mit dem „kostbaren Gut" Mensch im Unternehmen in seiner Gesamtheit neu zu überdenken. Der Ansatz des strategischen Personal-Marketing soll den Notwendigkeiten und Anforderungen der Zukunft Rechnung tragen, dabei aber weniger von erzwungenen Reaktionen, sondern eindeutig von positiven Grundeinstellungen und aktiven Gestaltungsüberlegungen zum Faktor Personal geprägt sein.

Wer Personal ausschließlich als lästiges Übel ansieht, der wird Schwierigkeiten haben, die in diesem Buch vorgestellten Gedanken zu verstehen. Ohne entsprechende innere Einstellung scheint es nur schwer vorstellbar, daß die in die Überlegungen einzubeziehenden Änderungsalternativen den Faktor Personal in seiner Gesamtheit angemessen berücksichtigen.

Einflußfaktoren der Unternehmenszukunft

Das wirtschaftliche Ergebnis der Unternehmen wird durch eine Vielzahl von Faktoren beeinflußt. Bedeutsam ist hierbei, daß die Unternehmen sich einer immer stärker werdenden Fremdbestimmung ausgesetzt sehen.

Wie schwierig es geworden ist, auf Dauer wirtschaftlich erfolgreich zu sein, läßt sich zumindest tendenziell durch die hohe Zahl der Insolvenzen in jüngerer Vergangenheit aufzeigen.

Gründe für diese wirtschaftlichen Schwierigkeiten zu finden fällt nicht schwer. Direkte Zusammenhänge zwischen Ursache und Wirkung herzustellen ist dagegen mit großen Problemen verbunden, da praktisch jede Entscheidungssituation durch ein ganzes Bündel von Einflußfaktoren geprägt wird.

Technologischer Wandel

Die weitgreifenden Veränderungen auf technischem Gebiet sind nicht Ergebnisse einer dem Selbstzweck dienenden Arbeit von weltfremden Forschern und Erfindern, sondern haben ihren realen Nutzen in der Verbesserung von Wettbewerbschancen unserer Industrie. Sie sind damit Motor des wirtschaftlichen Erfolgs in unserem Land, das sich nicht auf große Rohstoffvorkommen stützen kann[1].

Als Einsatzgebiet neuer Technologien seien hier beispielhaft genannt:[2]

- Elektronik, Mikroelektronik
- Biologie, Biochemie
- Energieerzeugung und -versorgung
- Rohstoffverarbeitung, neue Rohstoffe
- Umwelt, Schadstoffverhinderung und -beseitigung

Insbesondere in produktionsnahen Bereichen kommt der technologische Wandel z. Z. voll zum Tragen und bleibt nicht ohne Einfluß auf die Mitarbeiter in den Unternehmen.

So ist zum einen festzustellen, daß sich die Qualifikationsanforderungen in einem bis heute kaum gekannten Ausmaß immer schneller verändern. Zum anderen lassen sich negative Folgen für die Beschäftigung aufgrund der durch neue Technologien ausgelösten Rationalisierung nicht immer vermeiden.

Betrachtet man die Möglichkeiten des technologischen Wandels in einem größeren Zusammenhang, so zeigt sich, daß den Entwicklun-

---

[1] KÖHNE, F.: Die Bedeutung der Arbeit der Ingenieure im Unternehmen. Gestern – heute – morgen.
in: 1. VDI Nachrichten-Forum 1986, Ingenieur-Personalmarkt. Düsseldorf 1986, S. 32/33

[2] BÖLKOW, L.: Perspektiven der technologischen Entwicklung in GÜNTHER, J. (Hrsg.): Quo vadis Industriegesellschaft? Perspektiven zu Führungsfragen von morgen, Heidelberg 1984, S. 11 – 24

Konto der Hauptwirtschafts-faktoren in Deutschland
Positiv-Faktoren

1. Kulturelle Grundlagen
Grundgesetz, Soziale Marktwirtschaft, Christliche Gesell-schaftslehre, föderative Strukturen

2. Infrastrukturen
- Verkehrs- und Kommunikationsnetz
- mittelständische Industrie
- leistungsstarker Maschinenbau
- qualifizierte Zulieferindustrie

3. Human-Ressourcen
- Differenziertes Schul- und Universitätssystem mit über-durchschnittlich intellektuellem Potential
- Belegschaften, Facharbeiter, Ingenieure, Management/ Unternehmer

  bezogen auf
  - Leistungsbewußtsein
  - Qualitätsbewußtsein
  - technisch-wirtschaftliche Tradition
  - Unternehmerstruktur

Negativ-Faktoren

1. Wenig natürliche Ressourcen (Rohstoffe, Öl)

2. Industrielle Begrenzungen
- hohes Lohnniveau bei kurzer Arbeitszeit
- geringe Eigenkapitalbildung
- relativ kleiner Binnenmarkt
- ungünstige politisch-geografische Randlage

3. Politisch-ökonomische Stimmung
- Sättigungstendenzen im Wachstum (verringerte Rationalisierungsimpulse)
- Medienorientiertes Kritik- und Alternativklima
- Flexibilität und Effizienz einengender Bürokratie
- Materiell verwöhnte Gewerkschaften und zum Teil Führungskräfte

Schlüsselfaktoren der deutschen Wirtschaft [1]

gen auf dem Gebiet der Informations-Technik eine wesentliche Rolle bei der Gestaltung der Zukunft zukommen wird.

Die rasanten Veränderungen auf dem technischen Sektor sind zweifelsohne an der immer größer werdenden Informationsflut nicht unwesentlich beteiligt. Dies bedeutet aber auch, daß nur derjenige langfristig erfolgreich sein kann, dem es gelingt, ein praktikables Instrumentarium des Informations-Managements aufzubauen.

Markt und Wettbewerb

Es gibt heute kaum noch Märkte und Branchen, in denen Unternehmen nicht einem starken Konkurrenzdruck ausgesetzt sind. Unabhängig von besonderen konjunkturellen Rahmendaten werden die noch vorhandenen Marktpotentiale immer enger, neue Märkte werden sofort hart umkämpft, und im internationalen Wettbewerb sind auch Dumping-Preise nichts Ungewöhnliches mehr, wenn es darum geht, einige Prozentpunkte Marktanteil dazuzugewinnen.

In diesem Umfeld können Unternehmen langfristig nur bestehen und sich weiterentwickeln, wenn es ihnen gelingt, im Preis-/Leistungsverhältnis neue Maßstäbe zu setzen.

Das können Produktinnovationen, Qualität oder übezeugender Service auf der einen Seite sein, aber auch Preisvorteile – z. B. durch Rationalisierung – auf der anderen Seite.

Insbesondere der Beeinflussung der Kostenstruktur kommt in den westlichen Industrieländern eine außerordentlich wichtige Funktion zu, sind sie doch im Vergleich zu den Entwicklungs- und Schwellenländern, was die Höhe der Personalkostenanteile angeht, stark benachteiligt.

Trotzdem ist der Schluß, daß niedriger Personalaufwand allein schon eine Garantie für den wirtschaftlichen Erfolg ist, wohl kaum realistisch.

Sigl[3] hält sogar eine umgekehrte Tendenz für möglich. Er weißt darauf hin, daß z. B. in der Büromaschinenbranche Unternehmen mit

---

[3] SIGL, A.: Unternehmenskultur: Ist sie für die Praxis von Bedeutung? in: Personalführung 7/86, S. 292

höherem Personalaufwand auch bessere Ergebnisse vorzuweisen haben.

Als Grund sieht Sigl den leistungsfördernden Einsatz eines gezielt verwendeten höheren Personalaufwandes.

Gesellschaft und Individium

Es scheint notwendig und sinnvoll, gesellschaftliche Entwicklungen bei unternehmensbezogenen Entscheidungsprozessen mit einzubeziehen.

Die Schwierigkeit besteht jedoch darin, aus einer Vielzahl von Informationen und Pauschalaussagen zu gesellschaftlichen Veränderungen tatsächlich wirksame und für die Unternehmen relevante Daten herauszufiltern.

Zweifelsohne haben derzeit Themen wie „Umweltschutz", „Waldsterben", „Tempo 100" oder „Anti-Atomkraft" einen gesteigerten Stellenwert. Ganz allgemein gesehen beherrscht nicht selten undifferenzierte Technik-Kritik die Diskussionen.

Gravierende technische Katastrophen, wie z. B. Challengerunglück oder der Reaktorunfall in Tschernobyl, haben diese Entwicklung sicher noch weiter begünstigt.

Der Begriff Lebensqualität erhält zunehmend starke Bedeutung; materielle Dinge treten eher in den Hintergrund. Diese Entwicklung ist durchaus verständlich, wenn man berücksichtigt, daß der Lebensstandard in weiten Kreisen der Bevölkerung heute besser ist als jemals zuvor.

Schlagworte wie Freizeitgesellschaft und 35-Stunden-Woche sind heute in der Bevölkerung stärker positiv belegt als der Begriff des Leistungsprinzips.

Trotzdem wäre es sicher nicht richtig, von einer Leistungsverweigerung in unserer Gesellschaft zu sprechen.

Daß die Menschen kritischer geworden sind und Einstellungen und Verhalten eher emotionalen Bewußtseinsprozessen unterliegen ist vielleicht neu, aber sicher nicht schlecht.

Äußere Normen verändern sich zusehends, während individuelle Bedürfnisse stärker zum Tragen kommen.

Viele Unternehmen haben mittlerweile erkannt, daß für eine erfolgreiche Zukunftssicherung eine neue Art des Umgangs mit den Mitarbeitern notwendig ist.

Verbunden mit den mittelfristig geringer werdenden Absolventenzahlen bei Ausbildung und Studium wird sich mit einiger Sicherheit ein verschärfter Wettbewerb nicht nur um die besten Bewerber entstehen.

Insbesondere dem Personalwesen kommt bei dieser Problembewältigung eine Schlüsselrolle zu. Es muß schon heute konstruktive Lösungsstrategien entwickeln, um das interne und externe Mitarbeiterpotential im Sinne des Unternehmens und unter bewußter Berücksichtigung der Mitarbeiterbedürfnisse langfristig optimal zu entwickeln.

Folgerungen für das Personal-Management

Die vorangegangenen Abschnitte sollten deutlich machen, daß auf die Unternehmen neue Herausforderungen zukommen, die auch eine Antwort auf dem Personalsektor verlangen.

Die aktive Gestaltung der Personalarbeit wird in Zukunft ein wesentlicher Schlüssel zur Motivation der Mitarbeiter sein und damit Wegbereiter einer erfolgreichen Unternehmensleistung.

Allein durch reagierende Personalverwaltung sind in dieser Hinsicht kaum Akzente zu erwarten. Vielmehr bedarf es einer kontinuierlichen, verläßlichen Personalbetreuung, die den Mitarbeitern das Gefühl vermittelt, in der Gesamtpersönlichkeit akzeptiert zu werden.

Der Mensch, der seine Identität bei Arbeitsbeginn am Werkstor abgibt und vor dem Nachhausegehen wieder abholt, gehört unwiderruflich der Vergangenheit an; er ist einem selbstbewußten, kritischen und jederzeit mitdenkenden Menschen gewichen.

Nur wenn es gelingt, diese Mitarbeiter soweit wie möglich qualifikations- und neigungsgerecht einzusetzen, die persönlichen Mitarbeiter-Wünsche bei der Karriereentwicklung mit zu berücksichtigen und als Voraussetzung die materiellen Bedingungen nachvollziehbar und gerecht zu gestalten, werden sich die Mitarbeiter für das Unternehmen voll einsetzen.

Sollten die genannten Bedingungen nicht erfüllt werden können, so muß mit der heute viel zitierten „inneren Kündigung" der Mitarbeiter gerechnet werden. Dies bedeutet eine Verschwendung von Mitarbeiterpotential und kostet darüber hinaus noch viel Geld.

Um Mißverständnissen vorzubeugen sei hier besonders herausgestellt, daß moderne Personalarbeit keineswegs ausschließlich und undifferenziert auf die Befriedigung von Mitarbeiterwünschen abzielt. Vielmehr soll Personalarbeit heute auf Grundlage der Unternehmensnotwendigkeiten konsensfähige und sozialverträgliche Strategien entwickeln, aber dabei die Bedürfnisse der Mitarbeiter soweit wie möglich berücksichtigen. Personalarbeit ist deshalb ohne Einschränkung eine unternehmerische Funktion.

Voraussetzung für die Erfüllung dieser zukunftsorientierten Aufgaben im Rahmen der Unternehmenszielsetzung ist die Einbindung des Personalsektors in sämtliche Entscheidungsprozese des Managements. Wenn z. B. die Personalplanung nicht als vollwertiger und gleichberechtigter, also integraler Bestandteil der Unternehmensplanung akzeptiert wird, ist es nahezu sicher, daß auch die Einflußmöglichkeiten der Personalseite dementsprechend beschränkt sind.

Das Zusammenspiel von Personal und Organisation ist ein weiteres deutliches Kennzeichen moderner Personalarbeit. Konnte in der Vergangenheit der Personalbereich Organisationsveränderungen häufig nur noch stellenbezogen bürokratisch nachvollziehen, so ist heute die frühzeitige Einbindung von Personal in diese Prozese nahezu selbstverständlich. Dem Ansatz der Organisationsentwicklung mit den Komponenten Struktur- und Personalentwicklung wird somit konsequent Rechnung getragen.

Ein positiver Nebeneffekt wird dadurch erreicht, daß organisatorische Veränderungen in weitaus geringerem Maße als bisher zur Lösung personeller Problemfälle mißbraucht werden.

Das Selbstverständnis des Personalwesens als Ansprechpartner für alle personalbezogenen Fragestellungen bedeutet auch, daß der

Betreuungsumfang durchaus nicht nur auf die Mitarbeiter beschränkt ist, sondern auch Führungskräfte mit einbezieht.

Insbesondere sieht sich das Pesonalwesen von heute als Kooperationspartner für die Führungskräfte, an deren Führungsfähigkeit aufgrund der geänderten Rahmenbedingungen immer höhere Anforderungen gestellt werden.

Zwar steht außer Zweifel, daß die Führungskräfte nach wie vor die uneingeschränkte Führungsverantwortung für ihr Team haben, sie können jedoch bei Bedarf die Hilfestellung des Personalwesens in Anspruch nehmen.

Das zunehmend professioneller arbeitende Personalwesen ist sicher in der Lage, insbesondere bei problematischen Personal- und Führungsfragen, als Berater oder Moderator wertvolle Dienste zu leisten.

Eine grundsätzlich positive Einstellung sollte auch die Zusammenarbeit des Personalwesens mit dem Betriebsrat auszeichnen.

Vertrauensvolle Zusammmenarbeit in diesem Zusammenhang kann nur dann ernst genommen werden, wenn sie einer inneren Überzeugung entspricht und nicht nur als Pflichtübung mit Bezug auf das Betriebsverfassungsgesetz angesehen wird.

Den unterschiedlichen politischen Grundpositionen der Arbeitgeber-/ Arbeitnehmerseite werden häufig zu große Bedeutung beigemessen.

Nur in seltenen Fällen sind die Zielsetzungen von Personalwesen und Betriebsrat in der täglichen Arbeit tatsächlich weit voneinander entfernt.

Schon aus Vernunftsgründen bietet sich eine Kooperation zwischen beiden Partnern an, denn Entscheidungen, die eine große Informationsbasis haben, können im Prinzip nur besser werden.

Wenn man berücksichtigt, daß im Normalfall das Personalwesen seine Informationen von den Führungskräften erhält und der Betriebsrat von seinen Ansprechpartnern den Vertrauensleuten, so ist einzusehen, daß beide Aussagen zusammengenommen bei auftretenden

8

Problemfällen sicher eine bessere Entscheidungsgrundlage darstellen als Teilinformationen.

Moderne Personalarbeit bedeutet Kooperation statt Konfrontation; miteinander statt gegeneinander sollte die Philosophie des Personalwesens sein, gleichgültig ob der Ansprechpartner die Führungskraft, der Mitarbeiter oder der Betriebsrat ist.

Schwachstellen traditioneller Personalarbeit

Das Personalwesen im Unternehmen, nur notwendiges Übel?

Das Personalwesen im Unternehmen hat in den letzten beiden Jahrzehnten einen deutlichen Wertwandel erlebt, nicht nur in der wissenschaftlichen Diskussion, sondern auch in der praktischen Anwendung.

Traditionell eher als reines Verwaltungsinstrument[4] angesehen, wird der steuernden und gestalterischen Funktion heute ein wesentlich höherer Stellenwert beigemessen.

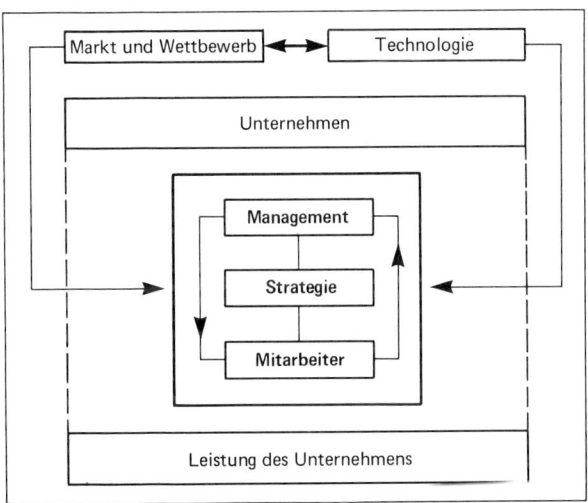

Management und Mitarbeiter, Gestaltungselemente der Personalarbeit im Zusammenhang zur Unternehmensleistung

---

[4] Ausgangspunkt war ursprünglich die Verwaltung des Produktionsfaktors Arbeit mit dem Anliegen, einen optimalen Nutzungsgrad zu erreichen.
„Personalarbeit hatte dabei zum Ziel, die Mitarbeiter und deren Beziehungen . . . den technischen und ökonomischen Maximen der Arbeitsorganisation anzupassen bzw. sogar lediglich Herrschaft durchzusetzen."[5]

[5] REMER, A./WUNDERER, R.: Entwicklungsperspektiven im betrieblichen Personalwesen. Ein Beitrag zur empirischen Forschung im Personalwesen. In: Zeitschrift für betriebswirtschaftliche Forschung (ZfbF), Nr. 11, Wiesbaden 1977, S. 743.

So ist das Personalwesen mittlerweile in vielen Großunternehmen auf Vorstandsebene etabliert und zumindest formal in Managemententscheidungen eingebunden.

Trotzdem darf nicht übersehen werden, daß die hierarchische Einstufung allein noch keine veränderte Personalarbeit entstehen läßt.

Insbesondere bei Klein- und Mittelbetrieben ist immer wieder festzustellen, daß zwar die entsprechende Position anhand des Organigramms nach außen mittlerweile realisiert ist, die Personalarbeit aber trotzdem weitgehend Randthema bleibt. Es ist in diesem Zusammenhang wesentlich, darauf zu achten, ob das Personalwesen bewußt oder unbewußt nur als Alibifunktion dient, oder ob tatsächlich der feste Wille vorliegt, diesen Funktionsbereich inhaltlich weiterzuentwickeln.

Als gutes Indiz dafür, ob ein modernes Personalwesen im Unternehmen vorliegt oder nicht, kann gelten, inwieweit die Personalpolitik in die Unternehmenspolitik bzw. die Personalplanung in die Unternehmensplanung Eingang findet.

Das Personalwesen, verstanden als integrierte Funktion im Unternehmen und nicht als reagierendes Folgeinstrument, bewegt sich sicherlich in eine zeitgemäße und sinnvolle Richtung.

In einigen Unternehmen liegt jedoch der Schwerpunkt der sogenannten Personalarbeit auch weiterhin auf dem Verwaltungssektor. Eine wichtige Zielsetzung ist in diesen Fällen die schnelle Abwicklung von arbeitsrechtlichen Problemen, sprich Durchführung von Disziplinarmaßnahmen.

„Personalbetreuung" findet deshalb häufig nur im negativen Sinne statt, d. h. Fehlverhalten wird bestraft und positives Verhalten nicht beachtet, also als selbstverständlich angesehen.

„Was hast du denn wieder angestellt, daß du zum Personalbüro mußt", ist eine von Kollegen oft gestellte Frage, wenn ein Mitarbeiter mit dem Personalwesen Kontakt hat.

Fehlverhalten wird nicht selten ausschließlich mit disziplinarischen Mitteln bekämpft. Mit Mitarbeitern über mögliche Probleme reden und damit motivierend und verständnisvoll einzugreifen, gehört heute noch nicht überall zum Instrumentarium der Personalarbeit.

Ein weiteres Übel, das bisher kaum zu beseitigen war, ist, daß Führungskräfte, die mit Mitarbeitern – aus welchen Gründen auch immer – nicht zufrieden sind, der Personalabteilung zur Verfügung gestellt werden. Die Führungsverantwortung der Vorgesetzten wird so elegant umgangen und das eigentliche Problem auf Unbeteiligte verlagert.

Eine Kooperation zwischen Führungskräften und dem Personalwesen ist insofern häufig noch nicht einmal in Ansätzen vorhanden.

Dabei könnte insbesondere diese Zusammenarbeit für das Unternehmen äußerst erfolgreich sein, wenn die Führungskräfte sich der Beratung des Personalwesens bedienen würden.

Voraussetzung hierzu ist selbstverständlich eine ausgeprägte Vertrauensbasis zwischen den Beteiligten. Diese kommt aber nicht von selbst, sondern muß systematisch und mit gutem Willen erarbeitet werden.

Dazu ist es notwendig, daß das Personalwesen als kompetenter Partner im Unternehmen akzeptiert ist. Zweifelsohne hängt diese Kompetenz eng mit dem Positionsinhaber im Funktionsbereich Personal zusammen.

Eine in anderen Bereichen wenig erfolgreiche Führungskraft auf die Personalfunktion abzuschieben, bietet sicher wenig Aussicht auf Erfolg im Sinne einer aktiven Personalarbeit.

Neben dem kaum besonders guten persönlichen Ruf eines solchen Stelleninhabers ist auch die meist fehlende Fachqualifikation nicht gerade hilfreich, positive Akzente zu setzen.

Auch wenn ein exzellenter Leiter der Lohn- und Gehaltsabrechnung die Verantwortung für die gesamte Personalfunktion übernimmt, ist es fraglich, ob die Verwaltungskomponente tatsächlich zugunsten der Betreuungskomponente reduziert wird.

Es sollte jedoch darauf hingewiesen werden, daß auch ein fachlich und persönlich qualifizierter Personalverantwortlicher nicht immer in der Lage ist, veraltete Strukturen und überholte Ansichten zu verändern.

Da es äußerst schwierig ist, eine quantitative Ergebnisbewertung bei Aktionen des Personalwesens durchzuführen, ist das Argument, daß das Personalwesen ausschließlich ein Kostenverursacher ist, nicht leicht zu widerlegen.

Insbesondere auch deswegen, weil sich Skeptiker mit Argumenten wie bessere Motivation der Mitarbeiter und damit bessere Leistung, bessere Qualifiktion und damit bessere Qualität usw., kaum beeindrucken lassen.

Wenn die Personalabteilung in einem solchen Umfeld Veränderungen erreichen will, ist es empfehlenswert, vorsichtig und Schritt für Schritt Überzeugungsarbeit zu leisten und keine noch so gutgemeinten Crash-Aktionen zu starten.

In ihrem innersten Herzen sehen einige Führungskräfte durch ein gestärktes Personalwesen eine Beschneidung ihres Machtbereiches, was natürlicherweise Gegenreaktionen auslösen kann.

Das Personalwesen im Wandel hat insofern keinen leichten Stand und kann nur durch behutsames Vorgehen aller Beteiligten und großes Einfühlungsvermögen alte Gewohnheiten im Unternehmen verändern.

Organisatorische und qualifikatorische Rahmenbedingungen

Grundsätzlich lassen sich folgende Organisationsformen im Personalwesen unterscheiden:

- objektorientierte Organisationsstruktur,
- Gliederung nach Mitarbeitergruppen,
- funktionale Organisationsstruktur,
- Gliederung nach Personalfunktion,
- Divisionale Organisationsstruktur oder Referentensystem,

– Gliederung nach Organisationseinheiten Mitarbeitergruppen –
unabhängig.[6]

Die objektorientierte Organisationsstruktur im klassischem Sinne spaltet den Personalbereich in Lohnempfänger und Angestellte auf, wobei die Führungskräfte entweder bei den Gehaltsempfängern integriert oder als eigenständiger Bereich ausgegliedert sind.

Eine derartige Struktur im Personalwesen, die noch häufig praktiziert wird, hat den Nachteil, daß eine Integration aller Mitarbeiter erschwert wird, weil durch die Unterscheidung Arbeiter/Angestellte zumindest unterschwellig eine gewisse Wertung ausgedrückt wird. Unterschiedliche Privilegien, manche sogar im Tarifvertrag festgeschrieben, lassen die Gefahr einer eventuellen Diskriminierung durchaus realistisch erscheinen. Eine vertrauensvolle Zusammenarbeit mit dem „geteilten" Personalbereich wird sicher nur unter Schwierigkeiten gelingen.

Die funktionale Organisationsstruktur unterteilt den Personalbereich in unterschiedliche Aufgabengebiete, wie z. B.

– Personalplanung
– Personalbeschaffung
– Personalauslese
– Personaleinsatz
– Personalentwicklung
– soziale Betreuung usw.

Die Problematik dieser Organisationsform liegt darin, daß die einzelnen Aufgabengebiete von unterschiedlichen Personalmitarbeitern wahrgenommen werden und dadurch keine Betreuung aus einer Hand möglich ist.

So wird z. B. ein neuer Mitarbeiter von der Personalbeschaffung eingestellt. Erhält vom Personaleinsatz einen Platz zugewiesen, wird von der Personalentwicklung zu Weiterbildungsmaßnahmen eingeladen usw.

---

6) FRÖHLICH, W.: Der Personalbereich, Wandel in Aufgaben und Organisation, Personal Info der Computerwoche, München, Dezember 1984.

Der Mitarbeiter leidet besonders bei dieser Organisationsform unter einer Orientierungslosigkeit, und es ist ihm fast unmöglich, immer den richtigen Ansprechpartner für seine Probleme zu finden. Dies verstärkt sich noch, wenn die unterschiedlichen Aufgabengebiete räumlich getrennt angeordnet sind und der Mitarbeiter dadurch unter Umständen unnötige Wege gehen muß.

Wird die funktionale Organisationsstruktur noch nach Mitgliedergruppen unterteilt, wird es für die Beteiligten besonders schwer, sich zurechtzufinden.

Der immer stärker werdenden Betreuungsfunktion Rechnung tragend, stellen immer mehr Unternehmen ihr Personalwesen auf die divisionale Organisationsstruktur um.

Dieses auch „Personalreferentensystem" genannte Organisationsprinzip versucht, die Schwachstellen der beiden anderen Organisationsmodelle abzuschalten, indem für bestimmte Betreuungsbereiche über alle Personalfunktionen ein Personalmitarbeiter (Personalreferent) verantwortlich ist.

Hauptvorteil dieses Organisationsprinzips ist die kontinuierliche Betreuung der Mitarbeiter durch einen eigenen Ansprechpartner in allen Fragen der Personalarbeit.

Vom Eintritt bis zum Ausscheiden kann somit eine individuelle, an den Bedürfnissen und Wünschen der Mitarbeiter orientierte, Personalbetreuung gewährleistet werden.

Auch unternehmensbezogenen Forderungen wird hiermit Rechnung getragen. Durch die intensive Betreuung der Mitarbeiter können Konflikte frühzeitig erkannt und Problemlösungen rechtzeitig angeboten werden.

Eine Veränderung der Organisationsstruktur im Sinne eines Personalreferentensystems hat auch erhöhte Anforderungen an die Mitarbeiter im Personalwesen zur Folge.

Es erscheint unumgänglich, eine entsprechende Qualifizierung der Mitarbeiter vor einer Umorganisation sicherzustellen.

Durch Weiterbildungsmaßnahmen ist es sicher möglich, das notwendige Fachwissen zu vermitteln. Ob jedoch das Persönlichkeitsprofil der Mitarbeiter im Personalwesen für die Erfüllung der neuen umfassenden Aufgaben ausreicht, sollte in jedem Einzelfall überprüft werden. Bei Neueinstellung für den Personalbereich kann auf eine spezifische personalwirtschaftliche Ausbildung wohl kaum noch verzichtet werden.

Das Instrumentarium, Einzelaktionen statt Systematik

Personalplanung

Die intensive praktische und wissenschaftliche Beschäftigung mit dem Komplex Personalplanung begann in Deutschland etwa um das Jahr 1960. Die Personalplanung ist insofern eine recht junge Disziplin und dementsprechend bis heute noch nicht in allen Details ausgereift.

Die Bundesvereinigung der Arbeitgeberverbände (BDA) hat ebenso wie die Industriegewerkschaft Metall (IG Metall) eine eigene Beschreibung des Gegenstandes Personalplanung vorgelegt:

„Personalplanung hat die Aufgabe, künftige personelle Maßnahmen vorausschauend zu konzipieren. Abgesehen von ihren betriebswirtschaftlichen Aufgaben dient die Personalplanung aber auch dem Ziel, die Belange der Mitarbeiter möglichst frühzeitig in die unternehmenspolitischen Überlegungen einzubeziehen und ihnen dadurch mehr Geltung zu verschaffen." (BDA)[7]

„Die Ziele, deren Verwirklichung wir mit Hilfe der Personalplanung anstreben, stehen unter dem Leitgedanken der sozialen Sicherheit und dem sozialen Fortschritt für alle beschäftigten Gruppen." (IG Metall)[8]

Will die Personalplanung den skizzierten hohen Anforderungen genügen, ist eine Einbindung in die Unternehmensplanung unumgänglich. Eine simultane Gesamtplanung, bei der sämtliche Planungs-Teil-

7) Bundesvereinigung der Arbeitgeberverbände:Unternehmerische Personalpolitik, Köln 1978, S. 159/160.
8) Industriegewerkschaft Metall: Personalplanung und Betriebsrat, Schriftenreihe der IG Metall, Nr. 65, Frankfurt 1976, S. 12.

bereiche (Absatz, Beschaffung, Finanz, Investition, Produktion, Qualität, Personal usw.) gleichberechtigt beim Planungsvorgang berücksichtigt werden, wurde bis heute praktisch nicht realisiert.

Im betrieblichen Alltag ist die Personalplanung über das Stadium einer reinen Folgeplanung bis auf vereinzelte Ansätze kaum hinausgekommen.

Neben externen Einflußfaktoren, wie z. B. allgemeine politische Entwicklungen, die daraus resultierenden Maßnahmen der Gesetzgebung (z. B. Arbeitsförderungsgesetz) oder Erfordernisse aus Tarifabschlüssen, die die planerische Unsicherheit erhöhen und dem Planungsprozeß in der Praxis entgegenwirken, ist der schwerwiegendste Grund für eine gewisse Zurückhaltung die Tatsache, daß sich die Personalplanung mit dem „Erkenntnisobjekt" Mensch beschäftigt. Da das Verhalten von Menschen nie exakt kalkulierbar und vorhersagbar ist, läßt sich daraus folgern, daß sich Menschen in konkreten Situationen oft völlig anders verhalten als in der Planung.

Dies ist ein schweres Handicap, wenn es darum geht, Skeptiker von einer systematischen Personalplanung zu überzeugen.

Aus dieser Sicht wird es einigermaßen verständlich, daß sich trotz großer Notwendigkeit die Personalplanung in den letzten zehn Jahren nur unwesentlich weiterentwickelt hat.

Stark pointiert formuliert Sadowski den Stand der Personalplanung aus seiner Sicht:

„Die Konzepte von Praktikern und Wissenschaftlern unterscheiden sich in ihrer Systemeuphorie aber auch in ihrer Ergebnislosigkeit kaum."[9]

Aufgrund unterschiedlicher Aufgabenstellungen innerhalb der Personalplanung läßt sie sich als Komplex verschiedener Teilbereiche darstellen. Es handelt sich hierbei um eine Aufteilung in überschaubare, an der betrieblichen Realität und möglichen Durchführbarkeit orientierte Systemkomponenten.

---

[9] SADOWSKI, D.: Der Stand der betriebswirtschaftlichen Theorie der Personalplanung, in: Zeitschrift für Betriebswirtschaft, Heft 1, 51. Jg., Wiesbaden 1981, S. 89.

Die *Personalbedarfsplanung* orientiert sich primär an quantitativen Ansätzen und ermöglicht Aussagen über die notwendige Mitarbeiterzahl, um die unternehmerisch vorgegebenen Ziele erreichbar zu machen.

Zeigt sich eine Unterdeckung zur aktuell vorhandenen personellen Situation, so muß die *Personalbeschaffungsplanung* eine entsprechende Maßnahmenplanung zur Bedarfsdeckung entwickeln.

Im Gegensatz dazu wird bei der Überdeckung des Personalbedarfs die *Personalabbauplanung* Möglichkeiten aufzeigen, wie die Personalkapazität sinnvoll auf das Planniveau zurückgeführt werden kann.

Die *Personaleinsatzplanung* versucht unter Berücksichtigung von Stellenanforderungen und Mitarbeiterqualifikationen eine über die Summe aller Stellen und Mitarbeiter optimale Zuordnung mit bestmöglichem Leistungsergebnis zu erreichen.

Auch wenn eine solche optimale Zuordnung global gesehen erreichbar scheint, können im Einzelfall Mitarbeiterqualifikation und Stellenanforderung unter Umständen sogar erheblich voneinander abweichen.

In diesem Fall ist es Aufgabe der *Personalentwicklungsplanung* durch Bildungs- und Fördermaßnahmen einen möglichst weitgehenden Ausgleich zu realisieren.

Eine übergreifende Rolle spielt die *Personalkostenplanung*, die zum einen die finanziellen Auswirkungen der vorgenannten Planungsbereiche prüft und systematisiert, zum anderen auch die Planung sämtlicher Kosten des Personalbudgets übernimmt.

Die Personalkostenplanung ist das bis heute am weitesten entwickelte Personalplanungs-Instrumentarium in den Unternehmen; dies ist auch einleuchtend, haben doch die Personalkosten einen wesentlichen Einfluß auf das Unternehmensergebnis.

Gerade diese quantitative Betrachtungsweise hat die übrigen Personalplanungsbereiche, die stark qualitative Ausrichtung zeigen, in der Vergangenheit doch erheblich dominiert und in ihrer Entwicklung beeinträchtigt.

Trotzdem ist eine verstärkte Beschäftigung mit den Einzelbereichen der Personalplanung in letzter Zeit unverkennbar. Was jedoch bis heute höchstens in Ansätzen erreicht wurde, ist die Verknüpfung der Personalplanungs-Teilbereiche.

Dieser Mangel trägt sicher auch dazu bei, daß die Personalplanung als wenig homogenes Gebilde bis heute noch nicht als gleichberechtigter Teil der Unternehmensplanung angesehen werden kann.

Personalbeschaffung

Die Personalbeschaffung wird tätig, wenn Vakanzen zu besetzen sind. Da das Freiwerden von Stellen in den seltensten Fällen voraussehbar ist, kann sich die Personalbeschaffung häufig nur in Sonderaktionen um eine Problemlösung bemühen.

Bei zu besetzenden Stellen wird zwischen einer Wiederbesetzung und einer Neubesetzung, also einer zusätzlich geschaffenen Stelle unterschieden.

In allen Fällen bietet es sich an, zuerst durch interne Stellenausschreibung einen Mitarbeiter des Unternehmens für die Besetzung zu finden.

Wird durch die Besetzung einer Stelle aus innerbetrieblichem Potential eine andere Stelle frei, erscheint es ebenfalls sinnvoll, den Mitarbeitern Chancen für Veränderungen und Aufstieg zu ermöglichen.

Aber nicht nur wenn die interne Stellenausschreibung erfolglos war, wird auf externe Kandidaten zurückgegriffen. Häufig werden interne Kandidaten, besonders wenn es um die Besetzung höherwertiger Stellen geht, nicht in die engere Wahl gezogen, weil gewisse Defizite bekannt sind. Kein Vorgesetzter möchte das Risiko eingehen, trotz Kenntnis dieser gewissen Schwächen im nachhinein, die Auswahlentscheidung rechtfertigen zu müssen.

Ein externer Kandidat strahlt dagegen ständig in bestem Glanz, denn er wird selbstverständlich nur seine „Schokoladenseite" bei der Vorstellung zum Vorschein kommen lassen.

Daß der Externe so häufig den Vorzug erhält, ist meist mit rationalen Gesichtspunkten nicht zu erklären. Wenn der externe Bewerber darüber hinaus, was immer wieder vorkommt, durch eine freie Bewerbung, also mehr oder weniger Zufall, in Kontakt mit dem Unternehmen kommt, ist die Wahrscheinlichkeit nicht gering, daß der Kandidat auf die freie Stelle zwar paßt, aufgrund mangelnder Beschaffungssystematik aber eher im Ausnahmefall der Idealkandidat sein dürfte.

Da eine Stellenbesetzung aber nicht unbeträchtliche Kosten, auch in der Folgezeit, verursacht, sollte auf eine ausgefeilte Beschaffungsmethodik großen Wert gelegt werden.

Das Spektrum der Möglichkeiten reicht hier von Anschlagtafeln, Anwerbung durch Betriebsangehörige, Werbung an Ausbildungseinrichtungen, Postwurf- oder Plakatwerbung, Zeitungsanzeigen bis zur Einschaltung der Arbeitsvermittlungsbehörden oder Personalberatern; je nachdem welche Stelle zu besetzen ist und welche potentiellen Bewerber angesprochen werden sollen.

Insbesondere die Beschaffung qualifizierter Hochschulabsolventen macht schon heute – und sicher verstärkt in der Zukunft – einige Probleme. Es ist also angebracht, speziell für diese Bewerbergruppe über Hochschulkontakte, Vergabe von Diplomarbeiten, Werksbesichtigungen usw. kontinuierliche Aktivitäten zu entwickeln, um einen großen Teil der qualifizierten Bewerber ganz konkret und über einen gewissen Zeitraum vor Abschluß des Examens mit dem Unternehmen in Kontakt zu bringen, ohne schon detaillierte Stellenbesetzungsnotwendigkeiten vorliegen zu haben.

Kurzfristige Aktivitäten, wie heute noch häufig üblich, die nur bei aktuellem Personalbedarf getätigt werden, sind im immer enger werdenden Bewerbermarkt nur noch selten von Erfolg gekrönt.

Personalentwicklung

Die Personalentwicklung wird tätig, wenn die Anforderung eines Arbeitsplatzes und die Qualifikation des entsprechenden Mitarbeiters nicht übereinstimmen.

Liegt ein erkanntes Qualifikationsdefizit eines Mitarbeiters vor, so ist es Aufgabe der Personalentwicklung, entsprechende interne oder externe Maßnahmen einzuleiten, um den Mitarbeiter für seine Funktion zu qualifizieren.

Aber auch ohne aktuellen Anlaß ist die Personalentwicklung gefragt, wenn es darum geht, das Wissen und die Fähigkeiten der Mitarbeiter den sich ändernden technologischen und strukturellen Gegebenheiten mittel- und langfristig anzupassen.

Die Personalentwicklung soll neben den rein betrieblichen Belangen aber auch die persönlichen Interessen der Mitarbeiter berücksichtigen. In diesem Zusammenhang hat die Vorbereitung von Mitarbeitern auf Versetzung und Beförderung eine zentrale Funktion.

Die Personalentwicklung im fachlichen Bereich hat bis heute einen guten Standard erreicht. Auch in Klein- und Mittelbetrieben wurde die Notwendigkeit erkannt, die Mitarbeiter auf fachlichem Gebiet mit den neuesten Entwicklungen vertraut zu machen.

Trotz vieler Veröffentlichungen und gut gemeinten theoretischen Konzepten liegt die Hauptschwachstelle der Personalentwicklung auch weiterhin in der Betreuung der Nachwuchskräfte und hierbei insbesondere beim Übergang von Fach- zu Führungsfunktionen.

Zweifellos ist es Aufgabe der Vorgesetzten, sich im Rahmen ihrer Führungsverantwortung intensiv mit Fragen der Personalentwicklung der Mitarbeiter ihres Arbeits- und Aufgabenbereichs auseinanderzusetzen. Die Vorgesetzten haben auch dafür Sorge zu tragen, daß ein Ausgleich zwischen eventuell differierenden Entwicklungsbedürfnissen der Mitarbeiter und den Zielen und Erwartungen des Unternehmens gefunden werden kann.

Was auch heute noch eher vernachlässigt wird und insbesondere für die angehenden Führungskräfte von großem Nachteil sein kann, ist die Beschränkung der Lerninhalte von Personalentwicklungsmaßnahmen schwerpunktartig auf kognitive, also sachorientierte Elemente.

Diese Beschränkung wird der Komplexität der Arbeitszusammenhänge jedoch bei weitem nicht gerecht: Dem emotionalen Aspekt, z.B. in Bezug auf Kooperation, zwischenmenschliche Sensitivität oder auch

Interaktions- und Kommunikationsfähigkeit, kommt durch die immer stärker notwendig werdende Arbeit im Team oder in Projekten verstärkte Bedeutung zu. Dies gilt selbstverständlich auch in zunehmendem Maße für Nicht-Führungskräfte.

Bei Nachfolge-Entscheidungen im unteren Führungskräftebereich wird der überfachlichen Qualifikation immer noch zu wenig Aufmerksamkeit geschenkt. Nicht selten werden die als Fachleute am besten ausgewiesenen Mitarbeiter eines Aufgabengebietes, ohne besondere Berücksichtigung der Führungsbefähigung, durch eine Beförderung zur Führungskraft für ihre bisherige Tätigkeit belohnt. Eine denkbar schlechte Voraussetzung zur Bewältigung der neuen Führungsaufgabe.

Wenn die Personalentwicklung dann bei auftauchenden Problemen einsetzen soll, um Defizite zu beseitigen, ist Sinn und Zweck dieses Instrumentariums verfehlt. Sicherlich gibt es Situationen, bei denen in Crashkursen ein bestimmtes Wissen vermittelt werden muß. Es ist aber grob fahrlässig, angehende Führungskräfte ohne intensive Vorbereitung auf ihre Funktion sich selbst zu überlassen.

Dies ist zum einen den angehenden Führungskräften gegenüber unfair und den Mitarbeitern in vielen Fällen kaum zumutbar.

Natürlich gibt es auch Mitarbeiter, die eine angeborene Führungsbefähigung haben, diese sollten jedoch nicht als Ausrede herhalten, für alle anderen im Vorfeld nichts zu tun.

Ein weiteres Problem liegt darin, daß Personalentwicklung häufig und fälschlicherweise ausnahmslos mit Aufstieg und Karriere gleichgesetzt wird. Nachweisbare Erfolge auf diesem Gebiet steigern zwar das Image und Selbstwertgefühl der Verantwortlichen; die Zahl derer aber, die sich permanent weiterbilden und mit persönlichem Engagement in ihrem Aufgabengebiet ständig auf dem laufenden halten, wird höchstens im Rahmen einer quantitativen Maßnahmenerfassung berücksichtigt.

Da auch die heutigen Beurteilungssysteme speziell im tariflichen Bereich kaum über den Stand von bürokratischen Geldverteilungsinstrumenten hinausgekommen sind, ist in dieser Beziehung ebenfalls nicht damit zu rechnen, daß die Gesichtspunkte der Personalentwicklung in besonderem Maße mit einbezogen werden.

Es liegt also letztendlich in der Verantwortung des Vorgesetzten, inwieweit er im persönlichen Gespräch die Mitarbeiter in bezug auf Personalentwicklung einbezieht. Verordnen läßt sich das nicht; Einsicht und innere Überzeugung sind hierbei mehr gefragt.

Humanisierung, Führungs- und Betriebsklima

Trotz der z.Z. etwas nachlassenden wissenschaftlichen und öffentlichen Diskussion, ist der Aspekt der Humanisierung nach wie vor ein wesentlicher Faktor bei der Beeinflussung von Leistungsfähigkeit und Leistungsbereitschaft der Mitarbeiter.

Zu Beginn der Humanisierungsdebatte waren insbesondere die Gestaltung von Arbeitsplatz, Arbeitsablauf und Arbeitsumgebung im engeren Sinne die Schwerpunktthemen.

Im Betriebsverfassungsgesetz von 1972 sind Forderungen hierzu im 4. Teil, 4. Abschnitt, niedergelegt:

§ 90 BetrVG: „Arbeitgeber und Betriebsrat sollen dabei die gesicherten arbeitswissenschaftlichen Erkenntnisse über die menschengerechte Gestaltung der Arbeit berücksichtigen."

Allerdings werden die Begriffe „gesicherte arbeitswissenschaftliche Erkenntnisse über die menschengerechte Gestaltung der Arbeit" im Gesetz nicht näher erläutert.

Trotz der nach Verabschiedung des Gesetzes einsetzenden Diskussion um den inhaltlichen Anspruch dieser Begriffe, können beide auch heute noch nicht als durchweg bekannt oder hinreichend definiert gelten.[10]

---

[10] BIRKWALD, R./PORNSCHLEGEL, H., haben eine Begriffsdefinition zu den „gesicherten arbeitswissenschaftlichen Erkenntnissen" vorgelegt:
1. Methodisch und statistisch ausreichend begründete Erkenntnisse.
2. Eindeutig überwiegende Meinung innerhalb der Fachkreise.
3. Mehrheitlich vereinbarte, arbeitswissenschaftlich begründete Aussagen.
4. DIN-Normen und ähnliche technische Regelwerke.
5. Vom Gesetz- oder Verordnungsträger übernommene Erkenntnisse.[11]

In der Praxis haben sich, insbesondere im Bereich der Produktion, Maßnahmen zur Anpassung der Arbeit, der Technik und der Umwelt an den Menschen in starkem Maße durchgesetzt. Als Beispiele können genannt werden:

– konstruktive Maßnahmen mit besserer Berücksichtigung der verschiedenen körperlichen Voraussetzungen der Mitarbeiter (Frauen, Männer, Jugendliche, ältere Mitarbeiter).
– Beachtung der Umwelteinflüsse (Klima, Wärme – Kälte, Lärm, mechanische Schwingungen, Beleuchtung etc).
– Überprüfung geltender Arbeitszeitregelungen (Schichtzyklen etc.)
– Einbeziehung besonderer Aspekte der Arbeitszeit (Erscheinungen von Monotonie und Ermüdung etc.)

Trotz vorgenannter Begriffserklärungen ist die schwierige Meßbarkeit aber weiterhin ein Problem bei der Umsetzung dieser Ansätze in die Praxis.

Im Verwaltungsbereich haben diese Prozesse erst ansatzweise Eingang gefunden, mit dem Einsatz neuer Bürokommunikations-Technologien ist jedoch auch hier eine stärkere Durchdringung zu erwarten.

Der bisher aufgezeigte Ansatz der Humanisierung ist stark tätigkeitsbezogen und beschränkt sich auf das engere Arbeitsumfeld.

Sahm hat dementgegen einen weitergehenden Anspruch formuliert, der den heutigen Notwendigkeiten der komplexen Leistungserstellung wohl besser gerecht wird:

„Wir verstehen unter Humanisierung der Arbeitswelt vorrangig die Kultivierung der zwischenmenschlichen Beziehungen, die Menschlich-

---

11) BIRKWALD, R./PORNSCHLEGEL, H.: Gesicherte arbeitswissenschaftliche Kenntnisse, in: Das Mitbestimmungsgespräch, 19, 6/7 1973, S. 95 – 98.

Die IG-Metall hat eine Definition zum Begriff „menschengerechte Gestaltung" geliefert:
„Menschengerecht gestaltet ist eine Arbeit, wenn
– chronische und akute Schäden der Gesundheit vermieden werden,
– physische und psychische Leistungsgrenzen eingehalten werden,
– innerhalb der Leistungsgruppen hohe Beanspruchungen reduziert werden,
– Unterforderungen auf ein Maß gebracht werden, das Zufriedenheit bei der Arbeit gewährleistet."[12])
12) Industriegewerkschaft Metall (IG Metall): a. a. O. S. 105

keit von Interaktions- und Kooperationsverhalten, das Humanum auch im Austragen von Interessengegensätzen, in der Verarbeitung von Konflikten und im Ertragen von Spannungen."[13])

Eine in diesem Sinne verstandene Humanisierung bezieht bewußt Führungs- und Betriebsklima bei der Gestaltung von Arbeitsbeziehungen mit ein.

Bei den heutigen gegenseitigen Abhängigkeiten in großenteils teamorientierten Arbeitsprozessen ist ein Funktionieren der zwischenmenschlichen Beziehungen besonders wichtig.

Die Qualität der Zusammenarbeit, also auch das Verhältnis Vorgesetzter/Mitarbeiter, muß sich von einer eher sachbetonten Nüchternheit in Richtung einer gesamtheitlichen Betrachtung unter Einbeziehung emotionaler Komponenten verändern.

In diesem Zusammenhang erscheint es selbstverständlich, daß die Leistungsbeiträge der Mitarbeiter angemessen gewürdigt und entsprechend vergütet werden; und ebenfalls, daß Mitarbeiterbedürfnisse, soweit sie mit den Unternehmenszielsetzungen vereinbar sind, im Arbeitsprozeß berücksichtigt werden und z.B. Verbesserungsvorschläge ernsthaft diskutiert und nicht nur pauschal ohne stichhaltige Begründung abgelehnt werden.

In dieser umfassenden Sicht, die Humanisierung betreffend, haben bisher wenige Unternehmen die Umsetzung in die Praxis erreicht.

Es genügt nicht, Führungsgrundsätze zu entwickeln und diese nach Veröffentlichung als Allgemeingut und gelebte Wirklichkeit im Unternehmen anzusehen.

Andererseits sind Fortschritte im Hinblick auf die umfassende Bedeutung der Humanisierung unverkennbar und ein stetiges, wenn auch u.U. langsames Weiterentwickeln entsprechender Instrumente ist sinnvoller als manche Hauruck-Aktion, die meist von vornherein zum Scheitern verurteilt ist und auf Jahre hinweg das Klima für diesbezügliche Änderungen vergiftet.

---

13) SAHM, A.: Humanisierung der Arbeitswelt, Freiburg 1976, S. 15

Das neue Bewußtsein der Mitarbeiter

Einstellungs- und Verhaltensänderung

Die Einstellung zur beruflichen Arbeit hat in unserer Gesellschaft in den letzten Jahren einen deutlichen Wandel vollzogen. Mit dem Schlagwort „bewußter leben" können die Veränderungen treffend beschrieben werden. Die auf politisch-gesellschaftlicher Ebene erkennbare Tendenz eines neuen Selbstbewußtseins in der Bevölkerung und insbesondere in der jüngeren Generation, macht auch vor den Fabriktoren nicht halt.[14])

Das nicht selten undifferenziert geäußerte Argument von der Leistungsverweigerung in unserer Zeit wird diesen Veränderungen aber mit Sicherheit nicht gerecht.

War es eine Generation zurück noch selbstverständlich, im Arbeitsprozeß durch Anpassung zu überzeugen und z.B. Führungsstrukturen und Dienstweg, ob sinnvoll oder nicht, ohne Diskussion zu verinnerlichen und Chefanweisungen ohne Nachdenken anzunehmen, so ist heute speziell in der nachwachsenden Jugend ein neues Selbstbewußtsein und damit eine geänderte Einstellung zu formalen Macht- und Autoritätsstrukturen erkennbar.

Die Mitarbeiter sind widerspruchsfreudiger geworden, sie möchten ihre Arbeitsaufgabe im Umfeld verstehen und einen sinnvollen Leistungsbeitrag erbringen. Wer als Vorgesetzter nicht bereit oder nicht in der Lage ist, diese Informationen überzeugend darzustellen, kann heute nicht mehr mit „Ja-Sagern" rechnen.

Tendenziell ist diese Einstellung der Mitarbeiter für das Unternehmen sicher ein Gewinn, sind die Mitarbeiter doch bereit mitzudenken, sich zu engagieren und an Problemlösungen mitzuarbeiten.

Diesem positiven Aspekt steht die negative Auswirkung gegenüber, daß die Mitarbeiter, wenn sie sich nicht richtig verstanden oder be-

---

14) s. a. MIEGEL, M.: Sind die Deutschen faul geworden? Die Arbeit im öffentlichen Bewußtsein, in: Personalführung 1/86, Düsseldorf 1986, S. 2–5
Schröder, W. Die Analyse von Wertestrukturen. Ansatzpunkte für Maßnahmen des Personalwesens, in: Personalführung 1/86, Düsseldorf 1986, S. 7 – 11.

handelt fühlen, ihren Protest in viel massiverer Form als in der Vergangenheit zum Ausdruck bringen.

In solchen Fällen können Konflikte schnell eskalieren, wenn es die Vorgesetzten nicht verstehen, frühzeitig steuernd einzugreifen.

In kritischen Situationen ist es dann durchaus denkbar, daß Ansätze von „Dienst nach Vorschrift" oder echte Leistungsverweigerung bewußt inszeniert werden, um auf eine persönlich unbefriedigende Situation aufmerksam zu machen.

Sicher kann man Aussagen nicht pauschal auf die gesamte arbeitende Bevölkerung übertragen, aber ein Ignorieren der erkennbaren Tendenzen ist sicher auch im Sinne der Unternehmensentwicklung eine der schlechtesten Alternativen.

Das Eintreten eines großen Teiles der heutigen Jugend für mehr Lebensqualität und damit auch Umweltschutz, also auch Übernahme von Verantwortung für die eigene Person und die Gesellschaft, ist ein Beleg dafür, daß der immer wieder einmal propagierte „Verfall der Sitten" eher Ausdruck resignierender Ratlosigkeit von Meinungsmachern als realistische Analyse differenziert zu betrachtender politisch-gesellschaftlicher Veränderung ist.

Die Leistungsbereitschaft dieser heutigen jungen Generation ist sicher nicht besser oder schlechter als in der Vergangenheit, der effektive Umgang mit diesen Menschen ist aber sicherlich schwieriger geworden. Wenn es den Vorgesetzten jedoch gelingt, die Mitarbeiter für ihre Aufgaben zu motivieren, kann man sicher sein, daß die Leistungsbeiträge realistischen Ansprüchen voll und ganz gerecht werden.

Arbeitsmarkt und Berufswahl

Die in heutigen Prognosen vermuteten zukünftigen Anforderungen der beruflichen Arbeit sind für Qualifikations- bzw. Berufsentscheidungen von besonderer Bedeutung.

Zwar sind durch diese Vorhersagen nur globale Entwicklungen aufzeigbar, doch unter Berücksichtigung von individuellen Fähigkeitsmerkmalen sind auch für den einzelnen sinnvolle Schlußfolgerungen zu ziehen.

Statistische Auswertungen über die Bevölkerungsentwicklung lassen zusätzlich quantitative Tendenzen des Arbeitsmarktpotentials erkennbar werden, so daß durchaus Berufsentscheidungen für die Zukunft fundiert getroffen werden können.

Wie schwer es jedoch fällt, qualifizierte Prognosen abzugeben, zeigt sich beispielsweise an den nachfolgenden Hypothesen zur möglichen Einschätzung von zukünftigen Qualifikationsalternativen, die in einer Bandbreite alle mehr oder weniger argumentativ belegt werden können:

– Status-quo-These:
  Die Qualifikationsstruktur innerhalb der Erwerbsbevölkerung wird auch zukünftig relativ gleich bleiben.

– Annäherungs-These:
  Qualifikationsanforderungen werden sich auf einen mittleren Qualifikationsbereich einregeln.

– Polarisierungsthese:
  Die Arbeitsplätze werden sich aufspalten in Arbeitsplätze mit einem Abbau von Qualifikationen und Arbeitsplätze mit Höherqualifizierung.

– Höherqualifizierungs- oder Intensivierungsthese:
  Auf allen Arbeitsplätzen werden die Anforderungen eine generelle Steigerung erfahren.

– Dequalifizierungsthese:
  Zunehmende Kapitalintensivierung wird grundsätzlich eine abnehmende berufliche Qualifikation bedingen.[15]

Da aber gerade der Projektion der zukünftigen Qualifikationsnotwendigkeit große Bedeutung für Folgeabschätzungen zufällt, wird deutlich, daß bei derartigen Untersuchungen ein nicht unwesentliches Abweichungsrisiko besteht.

---

15) WILMS, D.: Zukunftsorientierte Qualifizierung. Ziel und Ergebnis bisheriger Ausbildungspolitik. Beiträge zur Gesellschafts- und Bildungspolitik, Köln, Nr. 328/1978, S. 14 f

Eine konkrete Prognose haben von Rothkirch/Tessaring[16] vorgelegt, sie unterscheiden vier Qualifikationsebenen, wobei die Zuordnung nach dem höchsten formalen Ausbildungsabschluß erfolgt:

Jahr (%)	1982	2000
1. Kein beruflicher Ausbildungsabschluß bzw. berufliches Praktikum	32,0	29,7
2. Abschluß einer Lehr-/Lernausbildung oder gleichwertiger Berufsfachschulabschluß	52,9	52,7
3. Meister-, Techniker-, Fachschulabschluß	6,6	7,0
4. Abschluß einer Fachhochschule bzw. wissenschaftlichen Hochschule	8,5	10,6

Diese Aufstellung zeigt, daß die Tätigkeiten mit dem höchsten formalen Ausbildungsabschluß bis zum Jahr 2000 lt. Prognose den höchsten Zuwachs zu verzeichnen haben.

Es stellt sich nun die Frage, ob die heute absehbaren Berufswahlentscheidungen mit den vorgenannten Prognosen übereinstimmen.

Besonders interessant dürfte in diesem Zusammenhang sein, wie sich die nachwachsende Generation diesen Problemen stellt. Da für die schon längere Zeit im Berufsprozeß stehenden Mitarbeiter in der Regel ein echter Berufswechsel nur in Ausnahmefällen in Frage kommt, erscheinen Aussagen über die Jugend eher geeignet, die zukünftige Entwicklung tendenziell wiederzugeben.

Auf nachfolgender Grafik ist dargestellt, im Vergleich der Jahre 1976 zu 1986 für welche Ausbildungsrichtung sich Schüler nach ihrem Abitur voraussichtlich entscheiden werden:[17]

---

[16] ROTHKIRCH, C./TESSARING, M.: Projektionen des Arbeitskräftebedarf nach Qualifikationsebenen bis zum Jahre 2000, in: Sonderdruck aus: Mitteilungen aus der Arbeitsmarkt- und Berufsforschung, Stuttgart 19. Jg. 1986, Heft 1, S. 112.

[17] Quelle: Statistisches Bundesamt, in: Die Welt Nr. 231 vom 4. 10. 86, Beilage Berufswelt Nr. 41.

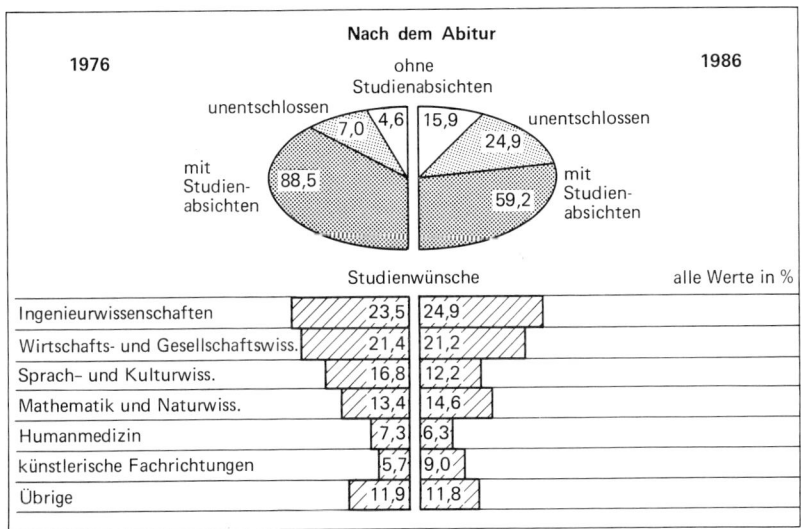

Studienwünsche 1976/1986

Zwei Ergebnisse dieser Untersuchung erscheinen besonders bemerkenswert und diskussionswürdig.

Zum einen hat sich die Prozentzahl derer, die eine Studienabsicht haben von 88,5% in 1976 auf 59,2% in 1986 ganz erheblich reduziert, zum anderen der Prozentsatz derjenigen, die zum Zeitpunkt der Befragung unentschlossen waren von 7% in 1976 auf 24,9% in 1986 beträchtlich erhöht.

Diese veränderte Konstellation kann als sicheres Indiz dafür gewertet werden, daß in der befragten Altersgruppe ein Umdenken weg von traditionellen Vorstellungen stattgefunden hat.

War es in der Vergangenheit fast selbstverständlich mit der Erlangung der Zugangsberechtigung zum Studium eine akademische Laufbahn einzuschlagen und damit auch einen gewissen Status in der öffentlichen Meinung unserer Gesellschaft zu erreichen – ohne in vielen Fällen seine eigenen Neigungen und Fähigkeiten bei der Berufswahl zu berücksichtigen – so kommt heute dem Faktor Lebensqualität auch im Beruf eine wesentlich stärkere Rolle zu.

31

Nur aus Status- oder materiellen Gründen einen nicht geliebten Beruf einzuschlagen, dürfte bei der Jugend von heute eher die Seltenheit sein.

Daß diese Jugendlichen durchaus realistische Zielsetzungen mit den veränderten Berufswünschen verbinden, soll exemplarisch das Baden-Württembergische Modell der Berufsakademie verdeutlichen.

Die Berufsakademie, als Modellversuch 1974 initiiert, wurde als Alternative zum Hochschulstudium entwickelt.

Grundgedanke dieser Ausbildung ist die Realisierung der immer wieder geforderten verstärkten Verknüpfung von theoretischen und praktischen Lerninhalten.

Die praktischen Teile der Ausbildung werden in Unternehmen, das theoretische Wissen wird in der Berufsakademie vermittelt.

Ausbildungsgänge gibt es derzeit in den Bereichen Wirtschaft, Technik und Sozialwesen. In den vorgenannten Studienrichtungen wird nach vier Studienhalbjahren eine erste berufsqualifizierende staatliche Prüfung abgelegt. Nach zwei weiteren Studienhalbjahren kann das Diplom (BA) in der jeweiligen Fachrichtung erworben werden.

Vorteil dieser Ausbildung ist, daß die Studierenden mit dem Ausbildungsunternehmen einen Ausbildungsvertrag abschließen und so in das Unternehmen schon während der Ausbildung weitgehend integriert werden. Daß in den meisten Fällen die Ausbildungsunternehmen diese theoretisch wie praktisch ausgebildeten Absolventen, die darüber hinaus noch über Betriebskenntnis verfügen, in ein unbefristetes Arbeitsverhältnis übernehmen, versteht sich fast von selbst.

Vielleicht ist dies ein ausschlaggebender Grund dafür, daß zur Zeit auf einen Ausbildungsplatz 20 Bewerber kommen.

Die Entwicklung der Berufsakademie seit 1974 mit einer stetig gestiegenen Studentenzahl zeigt nachfolgende Abbildung:[18]

Zum Vergleich sei angeführt, daß die Studentenzahl 1986 der Berufsakademie etwa gleich groß ist mit der Gesamtzahl der Studieren-

---

[18] Handelsblatt v. 10.10.86, Beilage Karriere Nr. 42/86, S. 43.

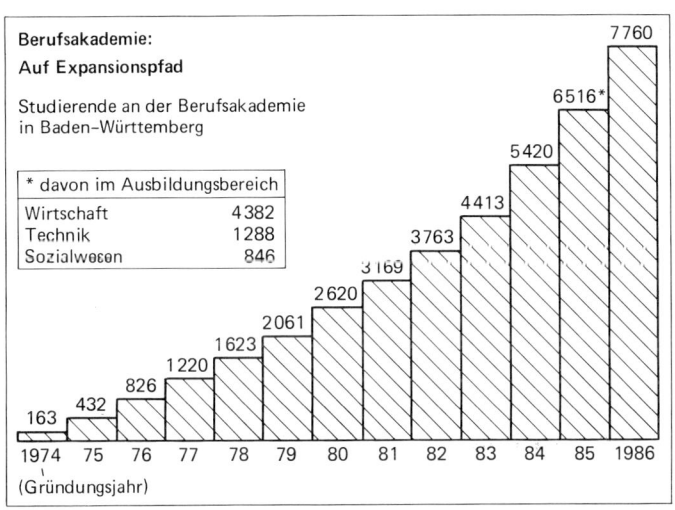

Berufsakademie:

Auf Expansionspfad

Studierende an der Berufsakademie
in Baden-Württemberg

* davon im Ausbildungsbereich	
Wirtschaft	4382
Technik	1288
Sozialwesen	846

7760
6516*
5420
4413
3763
3169
2620
2061
1623
1220
826
432
163

1974 75 76 77 78 79 80 81 82 83 84 85 1986
(Gründungsjahr)

Die Entwicklung der Berufsakademie 1974 – 1986

den an den beiden größten Fachhochschulen in Baden-Württemberg, Karlsruhe und Heilbronn.

Das Modell Berufsakademie hat auch außerhalb von Baden-Württemberg Nachahmer gefunden. Schleswig-Holstein bietet in Kiel, Flensburg, Lübeck und Elmshorn eine ähnliche Ausbildung an.

Dieses Beispiel macht deutlich, daß die Entscheidungen des Nachwuchses pro oder contra Studium auch rational zu erklären sind.

Das geänderte Selbstbewußtsein der Jugend zeigt sich auch darin, daß sich heute ca. 10% mehr als 1976 zu einer nichtuniversitären Ausbildung entscheiden.

Auch wenn einige davon später doch noch studieren werden, zeigt sich doch ein besserers Verständnis für die Berufswahl der Zukunft.

Nicht selten hört man heute das Argument, daß eine Ausbildung vor dem Studium den Horizont für die theoretische Ausbildung wesentlich erweitert. Daß bildungspolitisch eine solche Entwicklung nicht unpro-

33

blematisch ist, weil zum einen Ausbildungsplätze für Nicht-Abiturienten blockiert werden und zum anderen die Ausbildungszeit kaum mehr vertretbare Zeiträume umfaßt, soll hier nicht unerwähnt bleiben.

Aus Sicht derjenigen, die sich auf einen späteren Beruf vorbereiten, kann der Wille zur Qualifikation aber grundsätzlich nur positiv beurteilt werden.

Variationen des Berufsweges
„Karriere" contra „innere Kündigung"

Bei gleicher Qualifikation und Berufswahl ist ein breites Spektrum realistischer beruflicher Entwicklungsmöglichkeiten denkbar. In der jeweiligen Person liegende Faktoren sind hierbei ebenso von Bedeutung wie externe, nicht von der jeweiligen Person zu beeinflussende Umfeldbedingungen.

Die berufliche Entwicklung und die persönliche Lebenssphäre lassen sich in verschiedene Abschnitte aufspalten, die von ihrer inhaltlichen Ausrichtung und persönlichen Gestaltung doch wesentliche Unterschiede aufweisen können.

Berthel/Koch[19] zeigen in nebenstehender Abbildung die Berufs- bzw. Karrierephasen im zeitlichen Ablauf auf.

Der nach dem Eintritt in den Betrieb in den allermeisten Fällen folgende Realitätsschock hat nicht nur einen Einfluß auf die unmittelbar folgenden beruflichen Entwicklungsschritte, sondern auch auf langfristige Karriereaussichten.

Während des Realitätsschocks wird der neue Mitarbeiter zum ersten Mal seine bis dahin eher vagen Hoffnungen und Erwartungen an die berufliche Zukunft mit den tatsächlich zu beobachtenden Vorgängen im Unternehmen vergleichen.

War es vor einigen Jahren noch durchaus üblich, auch bei größeren Diskrepanzen zwischen „Schein" und „Sein" die weitere Entwicklung dem Laufe der Zeit zu überlassen, so entwickeln die Mitarbeiter heu-

---

[19] BERTHEL, J./KOCH, H.-E.: Karriereplanung und Mitarbeiterförderung, Sindelfinden 1985, S. 30.

34

Lebenszyklus		
Arbeitssphäre (Karrierezyklus)	Soziale Sphäre (Familie, Freunde, Gemeinde)	Biopsychische Sphäre
Frühe Karrierephase (15 – 35) Berufswahl Ausbildung Eintritt in Betrieb Realitätsschock reguläre Leistungsbeiträge oder Austritt	Kindschaft Heirat Elternschaft	Entwicklung eines Lebensstils Entwicklung einer Karriereorientierung
Mittlere Karrierephase (35 – 50) reguläre Leistungsbeiträge Beförderungen „Mid Career Crisis" Umorientierung reguläre Leistungsbeiträge	erwachsene Kinder verlassen Elternhaus Verantwortung für eigene Eltern neue Freunde	Bewußtsein der Disparität zwischen Traum und Realität Bilanz
Späte Karrierephase (50 – 65) reguläre Leistungsbeiträge Beförderungen Ruhestandskrise Austritt	Tod von Freunden, Ehepartner Übernahme von Gemeinschaftsaufgaben	Rückblick Ungewißheit

Karrierephasen und Lebenszyklus

te doch recht schnell ein festes Bild von den in absehbarer Zeit gewünschten Veränderungen.

In diesem Zusammenhang ist wichtig: Die immer stärker festzustellende Tatsache, daß die Mitarbeiter nicht nur Einflußmöglichkeiten auf die eigene Karriere haben möchten, sondern viel intensiver als jemals zuvor, eine herausfordernde Arbeit mit eigenen Verantwortungsumfängen und dementsprechend großen Veränderungsspielräumen erwarten.

Eine höhere Position bietet sicher eine Reihe von Vorteilen, z. B.:
- größere Autonomie, Verantwortung, erweiterter Entscheidungs- und Handlungsspielraum, interessante Tätigkeit
- Entwicklungs-, insbesondere Fortbildungsgelegenheiten
- Einfluß, Macht
- Prestige, Geltung
- Einkommen.[20]

Es zeigt sich jedoch heute ganz deutlich, daß Karriere, nur verstanden als beruflicher Aufstieg, eine zu enge Sichtweise ist. Versucht man den Karrierebegriff weiter auszulegen, so wird man den geänderten Ansichten und Wünschen, insbesondere der jüngeren Generation sicher besser gerecht.

Als Karriereorientierung im weiteren Sinne können gelten:
- **Aufwärtsorientierung**
  Aufwärtsorientierte Personen haben Lebensziele, die sich auf Beförderung in verantwortungsvolle und ranghierarchisch höhere Positionen beziehen.

- **Sicherheitsorientierung**
  Sicherheitsorientierte Mitarbeiter sind grundsätzlich mit jeweils erreichten Karrieresituationen zufrieden und versuchen, diese zu sichern. Sie versuchen, berufliches Risiko zu minimieren.

- **Kreativitätsorientierung**
  Kreativitätsorientierte streben in ihrer Karriere danach, etwas Neues zu schaffen: Sie wollen neue Produkte, neue Verfahren entwickeln.

- **Orientierung an Fähigkeiten-Nutzung**
  Führungskräfte, die primär an der Nutzung ihrer Fähigkeiten orientiert sind, stellen zumeist Möglichkeiten dafür über Beförderungsgelegenheiten (z. B. Unternehmensberater, Ingenieure, Designer).

- **Autonomieorientierung**
  Autonomieorientierte wollen im Laufe ihrer beruflichen Entwicklung

---

[20] BERTHEL, J./KOCH, H.-E.: a.a.O., S. 23 f.

36

vor allem in größtmöglicher Freiheit von Beschränkungen tätig sein.[21])

Zu Beginn ihres Berufsweges ist es für viele neue Mitarbeiter schwierig, genaue Aussagen über ihre Karrierevorstellungen zu machen. Die stereotype Antwort, „ich möchte in fünf Jahren Führungskraft sein", entspricht hier wohl eher veröffentlichten Vorstellungen in Hochschulführern, Berufsplanungs Büchern usw., die nicht selten angehenden Absolventen „wünschenswerte" Zielsetzungen einzureden versuchen statt intensive Überlegungen zur eigenen Fähigkeits- und Persönlichkeitsstruktur zu fördern.

Es ist deshalb unbedingt notwendig, daß speziell in der frühen Berufsphase der Mitarbeiter seine ganz persönlichen Motive zu erforschen versucht und dementsprechende Schlüsse für die weitere berufliche Entwicklung und Karriere zieht.[22])

Karriere kann – auch im weiteren Sinne – sicher nicht unabhängig von den übrigen Lebensumständen gesehen werden.

Welche Komponenten in diesem Abhängigkeitssystem wirken, zeigt die Abbildung von Maier[23]) auf Seite 38.

Daß die Arbeitsleistung eines Mitarbeiters ganz wesentlich von der inneren Disposition abhängt, ist heute unumstritten. Die innere Disposition und insbesondere die individuelle Leistungsbereitschaft wird stark davon beeinflußt, ob die Zielvorstellungen der Mitarbeiter realisiert werden können, z. B. in bezug auf Arbeitsinhalte, Karriere, Verhalten der Vorgesetzten.

Da die Mitarbeiter heute in zunehmend größerem Maße nicht mehr bereit sind, auf Dauer Abstriche bei der Realisierung eigener Wün-

---

21) SCHEIN, E. H.: Career Anchors and Career Paths: A Panel Study of Management School Graduates. in: Organizational Careers: Some New Perspectives, Hrsg.: von J. van Maanen, London 1977, S. 49 – 64.
22) siehe hierzu auch: KOCH, H.-E.: Karriereplanung und Lebensgestaltung heute. in: Personalwirtschaft 11/84, Frankfurt 1984, S. 387 - 391 GRIMM, W./v. REIBNITZ, U.: Persönliche Zukunftsbilder: Die Nutzung der Szenario-Methode für die Lebens- und Karriereplanung, in: Personalwirtschaft 3/85, Frankfurt 1985, S. 87 – 93.
23) MAIER, K. D.: Organisationale Karriereplanung, Frankfurt 1980, S. 81

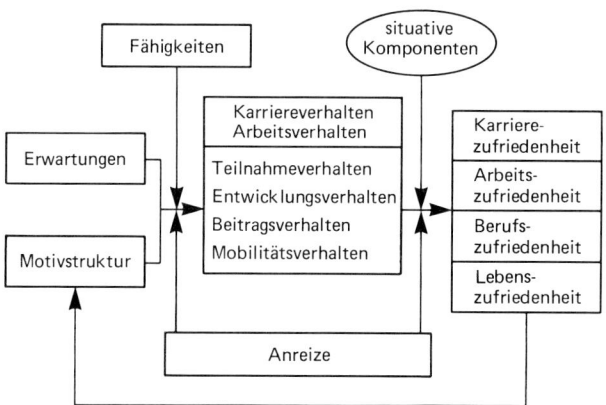

Einflußfaktoren von Karriereentscheidungen

sche und Bedürfnisse hinzunehmen, erscheint es aus Sicht der Unternehmen dringend notwendig, sich ernsthaft mit der Motivationsstruktur der Mitarbeiter im Detail auseinanderzusetzen.

Allgemeine Erkenntnisse über Entwicklungen unserer Zeit sind zur Beurteilung der Gesamtlage sicher nützlich und sinnvoll, es soll hier aber ausdrücklich darauf hingewiesen werden, daß sämtliche Ansätze zu Überlegungen der beruflichen Entwicklung von Mitarbeitern nur erfolgreich sein können, wenn die Vorstellungen jedes einzelnen in die entsprechenden Entscheidungsprozesse mit einbezogen werden; den Vorgesetzten fällt hierbei eine Schlüsselrolle zu.

Was geschieht aber nun, wenn der „Karriere-Traum", im engeren oder im weiteren Sinne, nicht in Erfüllung geht?

Betrachten wir zunächst die Situation, daß Karriere, schwerpunktmäßig verstanden als aufstiegsorientierte Karriere nicht realisiert werden kann. Gründe hierfür können sein, daß die persönlichen Leistungsbeiträge für den Aufstieg im Unternehmen nicht ausreichen oder von den Entscheidungsträgern nicht wahrgenommen werden. Als Ergebnis sieht der Kandidat immer wieder andere Mitarbeiter aufsteigen, ohne selbst eine echte Chance zu bekommen. Da in vielen Fällen der Mitarbeiter über Veränderungen in seinem Umfeld nicht in genügendem Maße aufgeklärt wird, kann von dem Mitarbeiter kaum Verständnis oder Akzeptanz erwartet werden.

Insbesondere die nachrückende Generation will aber in die Entscheidungsprozesse einbezogen oder zumindest in den Informationsfluß eingebunden werden.

Anders verhält es sich, wenn das Untenehmen generell keine Karriereposition anzubieten hat. Hier ist es offensichtlich, daß mangelnde Aufstiegschancen mit der Bewertung der persönlichen Leistung eines Aufstiegswilligen praktisch nichts zu tun haben.

In der Gesamtbeurteilung sind die zu erwartenden Folgen jedoch kaum unterschiedlich. Entweder der Mitarbeiter akzeptiert seine nicht zufriedenstellende Position oder er sucht Alternativen. Bleibt er in seinem bisherigen Arbeitsumfeld bei gleicher Aufgabe, ist mit Fehlreaktionen zu rechnen. Die Leistungsbereitschaft wird tendenziell sinken, der Mitarbeiter wird seine innere Einstellung zur Aufgabe mit großer Wahrscheinlichkeit verändern. Im Extremfall spricht man heute von „Innerer Kündigung", eine Verhaltensweise, bei der das Engagement für die Aufgabe auf ein gerade noch tolerierbares Maß zurückgeschraubt wird. Nach außen hin verhält sich der Mitarbeiter eher normkonform, ohne eigene Akzente zu setzen. Die Arbeit erhält in dieser Konstellation ausschließlich eine Geldbeschaffungsfunktion, die persönliche Schwerpunkte des Mitarbeiters verlegen sich auf die Privatsphäre, sei es Sport, soziales Engagement, Familie oder besondere Hobbys, um nur einige Beispiele zu nennen.

Für das Unternehmen sind diese Verhaltensweisen schwerwiegend, da zum einen Mitarbeiter mit einer derartigen Einstellung kaum einen Beitrag zur Unternehmensentwicklung bringen, darüber hinaus auf ihr Umfeld demotivierend wirken, und zum anderen im Normalfall kaum eine Chance besteht, solchermaßen disponierte Mitarbeiter vor Erreichen der Altersgrenze durch andere zu ersetzen.

Für den Fall, daß der Mitarbeiter das Unternehmen verläßt, sind die entstehenden Folgekosten zumindest größenordnungsmäßig absehbar, und ein „passender" Mitarbeiter kann gesucht werden.

Es ist wünschenswert, wenn Problemstellungen dieser Art nicht ausschließlich durch Personalveränderungen gelöst werden würden, sondern wenn die Unternehmenskultur den geänderten Vorstellungen der Mitarbeiter auch entgegen käme.

Dies würde sicher ebenfalls den Umgang mit denjenigen Mitarbeitern erleichtern, deren Karriere sich – wie schon angeführt – nicht an Aufstiegsmaßstäben orientieren.

Um eventuelle Mißverständnisse auszuschließen, sei hier ausdrücklich darauf hingewiesen, daß die Unternehmen auf Engagement und angemessene Leistungsbeiträge der Mitarbeiter angewiesen sind, wollen sie langfristig erfolgreich sein. Die geänderten Einstellungen und Verhaltensweisen der Mitarbeiter zu berücksichtigen, bedeutet insofern einen entscheidenden Beitrag zur Unternehmenssicherung zu leisten und nicht „soziale Welle um jeden Preis".

Personal-Marketing, die Notwendigkeit eines geschlossenen Ansatzes

Die Anwendung des Marketing-Ansatzes im Personalbereich

Der Marketing-Ansatz hat in den 70er Jahren auch im Personalbereich Einzug gehalten. Insbesondere Werbe- und Marketing-Agenturen haben sich hierbei hervorgetan, sicher auch mit der Zielsetzung, außerhalb ihrer bestehenden Aufgabengebiete neue Betätigungsfelder zu erschließen.

Obwohl durch diese Interessenlage bedingt das damals konzipierte Personal-Marketing Konzept von Personalwerbe-Überlegungen wesentlich geprägt war, gebührt diesen „Erfindern" der Verdienst, den Verantwortlichen im Personalbereich die Idee für ein neues Denkschema im Bereich Personal-Management nähergebracht zu haben.

Die damalige, schwerpunktmäßig auf Personalwerbung bezogene Entwicklung ist aber durchaus verständlich, denn die Grundidee des Personal-Marketing wurde eigentlich weniger aus der Einsicht entwickelt, einen umfassenden systematischen Ansatz auch für den Personalbereich zu finden, als vielmehr aus einer akuten Problemsituation, nämlich kein qualifiziertes Personal in ausreichender Anzahl rekrutieren zu können. Es war also ohne Zweifel eine logische Folgerung, in Zeiten der Vollbeschäftigung mit Mangel an Fachkräften, Konzeption und Instrumente des Marketing auch im Personalbereich anzuwenden.

Für das Personalwesen, das traditionell eher verwalterisch-bürokratisch anstatt betreuerisch-kreativ arbeitete, war die Einsicht, wie im Marketing-Ansatz angestrebt „Die Welt von seiten des anderen zu sehen" bzw. „Problemlöser für einen Kunden zu sein", ein bedeutender Ausgangspunkt für die heute praktizierte moderne Personalarbeit. Insofern wurde damals damit begonnen, den Mitarbeiter stärker als in der Vergangenheit in die Überlegungen bei Aktionen zur Besetzung von Arbeitsplätzen mit einzubeziehen.

Die Begriffsbildung Personal-Marketing, mittlerweile ausnahmslos bei allen Beteiligten gängiger Sprachgebrauch, erscheint aufgrund die-

41

ser Zielsetzungen zumindest irreführend, denn vermarktet wird kein Personal, sondern Arbeitsplätze. Der Begriff Arbeitsplatz-Marketing, der den tatsächlichen Gegebenheiten eher gerecht wird, hat sich jedoch nicht durchsetzen können.

Ganz wesentlich bei der Gestaltung einer Personal-Marketing-Konzeption erscheint in Anlehnung an das Marketing die Berücksichtigung normativer und instrumenteller Komponente.

Während die Instrumente zur Problemlösung im Detail im wesentlichen akzeptiert und auch angewendet werden, besteht aber heute – unabhängig von arbeitsmarktbezogenen Problemen – immer noch wenig Neigung, die Mitarbeiter von Personalseite ebenso zu sehen wie die Kunden von der Absatzseite.

Den Menschen im Mittelpunkt gibt es in erster Linie auf dem Papier und weniger in der betrieblichen Praxis. Grund hierfür könnte sein, und das ist ein wesentlicher Unterschied zwischen Marketing im Absatzbereich und im Personalbereich, daß eine Ergebnisbewertung im Personalwesen – gleichgültig ob in qualitativer oder quantitativer Sicht – nur in Ausnahmefällen realisiert werden kann.

Insofern ist die Einsicht in Sinn und Zweck des Personal-Marketing eher von spezifischen inneren Einstellungen von Führungskräften und Personal-Managern abhängig als von rational begründbaren konzeptionellen Grundannahmen.

Personal-Marketing, ein systematisches zukunfsorientiertes Konzept

Der konservative Ansatz des Personal-Marketing mit Schwerpunkt Personalwerbung/Personalbeschaffung beschränkt sich auf Teilbereiche der Personalarbeit.[24]

Aus heutiger Sicht muß dieses Konzept revidiert werden, da die Einengung auf einzelne Aspekte des Personalwesens den komplexen

---

[24] Dokumentiert wird dies auch an den frühen Buchveröffentlichungen zum Thema Personal-Marketing von HUNZIKER und SCHMIDBAUER. Beide Autoren legen neben ihrer Personal-Marketing-Konzeption den Schwerpunkt ihrer Arbeiten auf die Personalbeschaffung.
HUNZIKER, P.: Personalmarketing, Betriebswirtschaftliche Mitteilungen Nr. 57, Bern 1973
SCHMIDBAUER, H.: Personal-Marketing, Essen 1975

Strukturen von Arbeit und Personal, ausgedrückt durch Anforderungs- und Qualifikationsstrukturen, in Zukunft bei weitem nicht mehr gerecht werden können.

Außerdem soll ein umfassendes Personal-Marketing-Konzept für alle denkbaren Rahmenbedingungen der Umwelt anwendbar sein und nicht nur Folgeinstrument von aktuellen Problemfällen. Hieraus folgt auch, daß eine kontinuierliche Anwendung sinnvoll ist und nicht auf zyklische oder azyklische Reaktionen beschränkt sein kann, z. B. in bezug auf Arbeitsmarktveränderungen.

Ein so verstandenes Personal-Marketing hat eine strategische Ausrichtung mit nicht zu unterschätzendem Einfluß auf globale Unternehmensentscheidungen. In diesem weitgespannten Rahmen kann das Personal-Marketing als eine langfristig angelegte mitarbeiterorientierte Personalpolitik verstanden werden.

Die Personal-Marketing-Ansätze, die in erster Linie Zielsetzungen der Personalwerbung/Personalbeschaffung verfolgten, legten ihr Hauptaugenmerk zwangsläufig auf die Beeinflussung externer Beschaffungsmärkte.

Dies hatte nicht selten zur Folge, daß eine nicht unwesentliche Diskrepanz zwischen den „umwerbenden" Aktionen vor personellen Eintrittsentscheidungen für das entsprechende Unternehmen und späteren verwaltungsorientierten Aktionen einer sogenannten Betreuung von dann neuen Belegschaftsmitgliedern bestand.

Es ist erstaunlich, in wie vielen Fällen mit Unterschrift unter den Arbeitsvertrag das Interesse an den „Neuen" augenscheinlich nachließ.

Das strategische Personal-Marketing stellt bewußt interne Mitarbeiter und externes Mitarbeiterpotential als „Untersuchungs- und Gestaltungsobjekt" gleichwertig nebeneinander.

Neben den beiden Hauptfunktionen des strategischen Personal-Marketing

- Mitarbeiter dem Unternehmen zu erhalten und aufgrund geeigneter Maßnahmen in ihrem Leistungsbild positiv zu beeinflussen
- Neue Mitarbeiter für das Unternehmen zu gewinnen,

kommt dem Aspekt der allgemeinen Imageprofilierung eine ebenfalls nicht zu unterschätzende Bedeutung zu: Public Relations und allgemeine Werbung können hier wertvolle Partner sein. Besonders weil man auch solche Personen ansprechen möchte, die als Informationsübermittler durchaus auf zukünftige wie auch gegenwärtige Mitarbeiter Einfluß nehmen können, beispielhaft seien genannt Familienangehörige, Freunde und Bekannte gleichen Alters, aber auch Behörden, Tarifpartner, Universitäten usw.

Das Personal-Marketing macht sich hierbei die empirische Erfahrung zunutze, daß Menschen vor dem Treffen wichtiger Entscheidungen, wie z. B. auch der Arbeitsplatzwahl, sich in nicht unerheblichem Maße von ihrer Umwelt mit beeinflussen lassen.[25]

Diese potentiellen Kontaktpersonen müssen also in Aktionen des Personal-Marketing einbezogen werden, obwohl sie mit größter Wahrscheinlichkeit nie selbst direkte Zielgruppen sein werden.

Kurz zusammengefaßt läßt sich sagen, daß das Personal-Marketing mit strategischer Ausrichtung, wie es hier verstanden wird, in erster Linie eine gedankliche Grundhaltung darstellt. Die Ausrichtung von Management-Entscheidungen auch an Personal-Bedürfnissen von derzeitigen oder zukünftigen Mitarbeitern – sowie in zweiter Linie ein entsprechendes Instrumentarium beinhaltet, das eine gezielte Nachfrage nach Arbeitsplätzen in der jeweiligen Organisation bei Bedarf steuern soll.

Das Personal-Marketing-Mix

Um die Zielsetzungen des Personal-Marketing erreichen zu können, ist ein geeignetes Instrumentarium notwendig. In Anlehnung an das traditionelle Marketing hat sich hierfür der Begriff Personal-Marketing-Mix durchgesetzt, dies bedeutet „Kombination und Koordination aller Maßnahmen, die Nachfrage nach Arbeitsplätzen erzeugen, die nötigen Mitarbeiter gewährleisten und diese gleichzeitig zufriedenstellen".[26]

---

[25] KRAMER, R.: Marketing im Personal-Bereich Marketing Enzyklopädie, Band II, München 1974, S. 1041 – 1048
[26] RUHLEDER, R. H.: Personal-Marketing in: Personal-Enzyklopädie, Band II, München 1978, S. 145 – 148

In direkter Anlehnung an den Marketing-Ansatz im Absatz-Bereich schlägt Wunderer folgendes Mix-Modell des Personal-Marketing vor:

„Positions-Mix: Arbeitsmarktgerechte Gestaltung des Arbeitsplatzes und seiner Umwelt.

Potential-Mix: Anforderungs- und arbeitsmarktgerechte Bildung von Zielgruppen des Bewerberpotentials, Personalauslese und -förderung.

Rekrutierungs-Mix: Auf die Bedürfnisse von Organisation und den Zielgruppen des Bewerberpotentials ausgewählte Beschaffungswege einschließlich des internen Beschaffungsmarktes.

Kontrahierungs-Mix: Gestaltung der Arbeitsplatzvertragsbedingungen (Gehalt, Zusatzleistungen, Kündigungsfristen, besondere Vollmachten etc.)

Kommunikations-Mix: Public Relations (Werbung um öffentliches Vertrauen) und Personalwerbung."[27]

Diese Grundstruktur der Instrumente des Personal-Marketing ist schwerpunktmäßig an externe Ansprechpartner gerichtet. Das umfassende strategische Personal-Marketing-Konzept, wie vorab beschrieben, kommt hier nur in Ansätzen zum Ausdruck.

Eine stärker ins Detail gehende Darstellung und dabei speziell die Arbeitsplatzgestaltung im weitesten Sinne berücksichtigend, ist das Schema des Personal-Marketing-Mix von Ruhleder.[28]

Gleichzeitig zeigt Ruhleder auf, daß bei sinnvoller Anwendung des Personal-Marketing-Mix, ebenso wie bei anderen Management-Prozessen, die Funktionen Planung, Organisation, Durchführung und Kontrolle zu durchlaufen sind.

Obwohl diese Abläufe eigentlich selbstverständlich sein sollten, wird doch nicht selten gerade im Personalbereich gegen diese Vorgaben

---

27) WUNDERER, R.: Personalwerbung in: Handwörterbuch des Personalwesens, Stuttgart 1975, S. 1689 – 1708
28) RUHLEDER, a.a.O., S. 147

Forschungs-Mix

1. Interne Personal-marktforschung

   1.1. Beschäftigungszahl u. -entwicklung
   1.2. Personalbedarf
   1.3. Altersstruktur
   1.4. Fluktuation
   1.5. Betriebsumfragen

2. Externe Arbeitsmarkt-forschung

   2.1. Gesamtw. Arbeits-kräftebestand
   2.2. Lohn- u. Gehalts-entwicklung (branchenbezogen)
   2.3. Mobilität der Arbeitskräfte
   2.4. Konjunkt. Einfluß auf Gesamtbereich
   2.5. Einzugsgebiet
   2.6. Standort d. Unternehmen

3. Arbeitsplatzforschung

4. Kommunikations-forschung

II. Arbeitsplatz-Mix

1. Gestaltung des Arbeits-platzes
2. Führungsstil
3. Motivation der Mitarbeiter
4. Lohn/Gehalt
5. Sozialleistungen
6. Betriebsklima und Internal Relations
7. Aus- und Fortbildung
8. Aufstiegsmöglichkeiten
9. Image des Unternehmens

III. Kommunikations-Mix

1. Innerbetriebl. Stellen-ausschreibung
2. Stellenanzeigen
3. Persönliche Anwerbung
4. PR-Aktionen (Tag der offenen Tür)
5. Arbeitslosenmessen
6. Mitarbeitergespräche
7. Einstellungsgespräche

Kontrolle

Organisation

(Durch-) Führung

Das Personal-Marketing-Mix

verstoßen, weil insbesondere die Kontrollfunktion im Personalbereich nicht einfach zu handhaben ist.

Ein wesentlicher Grund hierfür ist, daß Ursache – Wirkung Beziehungen bei den komplexen, Personal betreffenden Vorgängen nur in Ausnahmefällen isoliert und deterministisch nachgewiesen werden können.

46

Bei den weiteren Ausführungen soll das Personal-Marketing-Mix im Detail dargestellt werden. Die Untergliederung soll wie folgt vorgenommen werden:

- **Qualitative Personalplanung**
  Ein integratives Planungskonzept, das die grundsätzlichen Regelungen innerhalb der Organisation festschreibt, schwerpunktmäßig die Abhängigkeiten zwischen Personaleinsatz, Personalentwicklung und betrieblicher Zusammenarbeit.

- **Personalforschung**
  Bereitstellung aller benötigten internen und externen Daten zur sicheren Entscheidungsfindung eines optimal abgestimmten Personal-Marketing-Mix.

- **Personal-Image-Werbung**
  Kommunikationsmöglichkeiten im Zusammenhang von direkter und indirekter Bewerberansprache unter Einbeziehung des Image des Unternehmens als Arbeitgeber.

- **Personalbeschaffung**
  Konkrete Beschaffungsaktivitäten zur Deckung vorhandenen Personalbedarfs.

- **Personalauswahl**
  Vorbereitung von Besetzungsentscheidungen.

- **Personalpflege**
  Maßnahmenbündel in qualitativer und quantitativer Hinsicht zur Befriedigung der Mitarbeiterbedürfnisse bei entsprechender Leistungsrealisierung.

Personal-Marketing, aktueller Stand und Entwicklungstendenzen

Insbesondere bei Großunternehmen werden in jüngster Zeit immer häufiger umfassende Personal-Marketing-Konzeptionen erarbeitet. Die Notwendigkeit, den Mitarbeiter stärker als bisher in den Mittelpunkt des unternehmensbezogenen Geschehens zu stellen, wird heute weithin akzeptiert.

Trotzdem ist nicht zu übersehen, daß auch bei Großunternehmen häufig eine große Diskrepanz zwischen formuliertem Konzept und gelebter Realität vorhanden ist. Dies liegt darin begründet, daß Prozesse der Organisationsentwicklung längerer Umsetzungszeiträume bedürfen als z. B. Arbeitsanweisungen oder „formale" Umorganisationen. Darüber hinaus sind solche Prozesse nicht selten mit Verhaltensmodifikationen der Beteiligten verbunden, was generell schwierig und im Ergebnis nie mit Sicherheit vorhersagbar ist.

Erfolgreiches Personal-Marketing erfordert eine entsprechende innere Grundeinstellung von allen Betroffenen, Mitarbeitern und Führungskräften des Personalbereichs sowie von den übrigen Vorgesetzten.

Wenn also der Personalbereich voll und ganz den Personal-Marketing-Ansatz vertritt – was sicher nicht selbstverständlich ist – heißt dies noch lange nicht, daß auch die betrieblichen Vorgesetzten die gleiche Einstellung haben.

Hier haben Klein- und Mittelbetriebe einen bedeutsamen Vorteil durch überschaubare Führungsstrukturen, die es erleichtern, vom Top-Management getragene Innovationen auch tatsächlich umzusetzen, dies gilt auch bei der Einführung einer Personal-Marketing-Strategie.

Tendenziell kann man feststellen, daß sich der Personal-Marketing-Gedanke aufgrund positiver Erfahrungen und absehbarer Notwendigkeiten nachhaltig durchsetzen wird.

Hierzu wird sicher auch beitragen, daß heute noch festgefügte und formal begründete hierarchische Ordnungen sich in den Organisationen nach und nach aufweichen werden.

48

Dies bedeutet eine zunehmende Neigung zu teamorientierten Projekt-tätigkeiten. Die dadurch notwendig werdende verstärkte Selbstver-antwortung der Mitarbeiter erfordert auf der einen Seite mehr Diszi-plin und größeres Engagement bei der Konsensfindung in der Ge-meinschaft sowie größere Freiräume für kreative Prozesse im Rahmen der Leistungserbringung.

Auf der anderen Seite muß das Unternehmen den Mitarbeitern auch außerhalb des direkten Leistungserstellungs-Prozesses Rahmenbedin-gungen eröffnen, die eine individuelle Befriedigung der jeweiligen Bedürfnisse ermöglichen.

Insofern wird das Personal-Marketing zukünftig mehr denn je ein In-strument zur Sicherung der Unternehmensleistung sein, denn es ist ab-sehbar, daß sich die Dimension der Personalarbeit immer mehr zu einem Engpaßfaktor ausweiten wird.

Personal-Marketing, Darstellung des Instrumentariums und praktische Handhabung

Qualitative Personalplanung

Die Personalarbeit in Unternehmen benötigt ein klar strukturiertes Grundgerüst in ihrem Wirkungsbereich zur Absicherung der wichtigsten Leistungsfunktionen.

Die Qualitative Personalplanung, verstanden als integratives Planungskonzept, trägt dem konsequent Rechnung.[29]

Folgende Funktionen werden hiermit systematisch miteinander verbunden:

- Qualifikationsorientierter Personaleinsatz
- Mitarbeiterorientierte Personalentwicklung
- Leistungsorientierte Zusammenarbeit

Diese vorwiegend unternehmensintern anwendbaren Funktionen werden in erster Linie im Vorgesetzten-Mitarbeiter-Bezugsfeld wirksam und schließen eine Moderations- und Beratungsfunktion des Personalbereichs bei Bedarf mit ein.

Zielsetzung ist hierbei, jegliche Personalmaßnahmen, seien sie positiver oder negativer Art, individuell abgestimmt durchzuführen und für die Beteiligten transparent und damit nachvollziehbar zu machen. Dies ermöglicht gleichzeitig, positive Akzente in bezug auf das Leistungsverhalten der Mitarbeiter zu setzen.

Da den betrieblichen Vorgesetzten bei der Gestaltung der Mitarbeiterbeziehungen eine herausragende Bedeutung zukommt, wurde die leistungsorientierte Zusammenarbeit als ein Schwerpunkt innerhalb der qualitativen Personalplanung miteinbezogen.

Entgegen den Abläufen in traditionellen Organisationsstrukturen bei Personal-Management-Systemen werden die Einzelfunktionen Personaleinsatz, Personalentwicklung und Zusammenarbeit eng miteinan-

---

29) siehe hierzu auch: FRÖHLICH, W.: Qualitative Personalplanung, Frankfurt 1984.

der verknüpft, mit dem Vorteil, daß jeder Mitarbeiter in den wesentlichen Faktoren seiner Arbeit zusammengefaßte und abgestimmte Informationen einschließlich durchführbarer Zukunftsplanungen erhält.

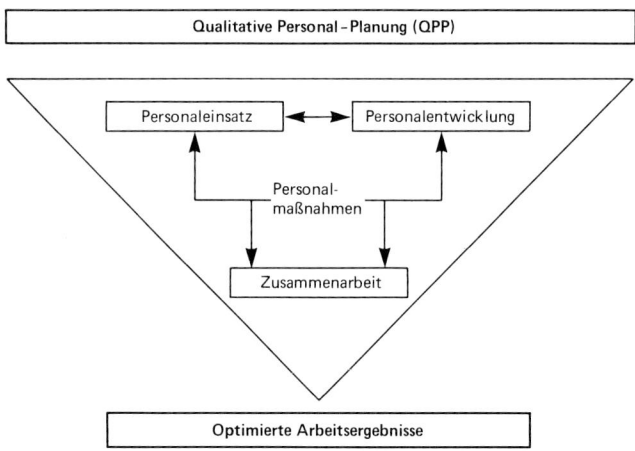

Das Konzept der Qualitativen Personalberatung

Wichtig ist hierbei, daß als Zielgruppen diesbezüglicher Mitarbeiter-Betreuung durch die Vorgesetzten sämtliche betrieblichen Arbeitskräfte einbezogen werden, gleichgültig ob Arbeiter, Angestellte oder Führungskräfte.

Das Tätigkeitsspektrum der mit Menschenführung betrauten Mitarbeiter verschiebt sich insofern immer mehr in Richtung Personalführung.

Delegation von größerer Verantwortung an die Mitarbeiter mit immer breiter werdenden Kompetenzbereichen auf fachlicher Ebene sind die logische Folgerung.

Eine systematische Qualitative Personalplanung − als Gestaltungsprinzip und in der realen Anwendung − kann in diesem Zusammenhang mit dazu beitragen, den betrieblichen Vorgesetzten den hohen Stellenwert ihrer Funktion im Rahmen des Personal-Management stärker bewußt zu machen und damit nachhaltige positive Auswirkungen auf das Motivationsverhalten und das Leistungsbild der Mitarbeiter zu erreichen.

52

Personaleinsatz und Personalentwicklung

Da die Anforderungen und Strukturen der betrieblichen Arbeitsplätze einem stetigen Wandel unterworfen sind, ist regelmäßig auch mit Auswirkungen auf die jeweiligen Mitarbeiter zu rechnen.

Bei sich immer schneller verändernden Arbeitsstrukturen entsteht nicht selten eine Lücke zwischen tatsächlicher Qualifikation der Mitarbeiter und benötigtem, durch Arbeitsplatzanforderungen vorgegebenem Qualifikationsniveau.

Die Beherrschung eines Arbeitsplatzes ist somit keine feste Größe im betrieblichen Alltag, sondern ein fließender Prozeß, bei dem Mitarbeiter sich ständig weiterentwickeln müssen.

Personaleinsatz und Personalentwicklung wirken gegenseitig auf die Mitarbeiter, um Abweichungen zwischen Qualifikation und Anforderungen so gering wie möglich ausfallen zu lassen.

Eine wichtige Frage hierbei ist, welches Qualifikationspotential der Mitarbeiter aufweisen kann. Wenn ein Mitarbeiter grundsätzlich in der Lage erscheint, die vorgegebenen Anforderungen mit Hilfe der Personalentwicklung zu erreichen, so kann man von zu niedriger aktueller Qualifikation sprechen.

Reicht jedoch das Qualifikationspotential nicht aus und sind somit auch Personalentwicklungsmaßnahmen nicht in der Lage, dieses Defizit auszugleichen, so spricht man von zu hoher – nicht zu erfüllender – Anforderung.

In einem solchen Fall kann normalerweise nur die Übernahme einer besser geeigneten Tätigkeit, die Qualifikations-Anforderungs-Diskrepanz abbauen, hier kommt also die Personaleinsatzplanung zum Zuge.

Das Personaleinsatzproblem eines Mitarbeiters kann arbeitsplatzbezogen, aber auch vorgesetztenbezogen sein. In letzterem Fall kann aus einem Einsatzproblem auf Mitarbeiterebene ein Entwicklungsproblem auf Vorgesetztenebene werden.

Zwei Möglichkeiten der Problemlösung bieten sich hier an. Zum einen kann der Mitarbeiter einen anderen Einsatz erhalten, was jedoch nur einer Reduzierung von Symptomen gleichkäme. So wäre es auch dann wahrscheinlich, daß der betroffene Vorgesetzte sein Verhalten nicht ändert und auf seine Mitarbeiter in der gleichen Weise einwirkt, was bei ähnlich reagierenden Mitarbeitern das Problem immer wieder auftreten läßt.

Zum anderen könnte man mittels Personalentwicklung des Vorgesetzten versuchen, ein vorhandenes signifikant problematisches Verhalten zu verändern, was einer tatsächlichen Ursachenbehebung gleichkäme.

Da jedoch nicht jedes Defizit bezüglich Fähigkeiten und Fertigkeiten behoben werden kann, sei es im fachlichen oder im zwischenmenschlichen Bereich, bleibt häufig als Ausweg nur eine Maßnahme der Personaleinsatzplanung. Den negativsten Fall, daß gar nichts unternommen wird, trifft man heute zwar immer noch an, im Sinne einer fortschrittlichen Personalarbeit gibt es hierfür jedoch keine Rechtfertigung.

Die aufgezeigten Verknüpfungen zwischen Personaleinsatzplanung und Personalentwicklungsplanung machen eine integrierte Betrachtungsweise beider Teilbereiche unumgänglich.

Zur Verdeutlichung dieser Problematik sei nebenstehend ein Schema aufgeführt, das die Abhängigkeiten noch einmal verdeutlicht.

Betriebsklima: Der Aspekt der Zusammenarbeit

Das Unternehmen kann als vernetztes soziales Gebilde heterogener Gruppen und Individuen angesehen werden. Es tritt nach außen zwar meist als Einheit in Erscheinung, im Innern splittet es sich jedoch in kleine differenzierte Organisationseinheiten auf, deren Mitglieder im Normalfall gruppenspezifisch und individuell unterschiedliche Ziele und Interessen verfolgen.

Insbesondere diese strukturmäßig vorgegebenen Kleingruppen sind auf eine funktionierende innere Zusammenarbeit angewiesen, wenn sie eine gemeinsame Zielerreichung anstreben.

54

Ergebnis aus Qualifikations-Anforderungs-Abgleich	Aktivitäten der	
	Personaleinsatzplanung	Personalentwicklungsplanung
1. Der Mitarbeiter hat die richtige, der Anforderung entsprechende Qualifikation	keine Maßnahmen aktuell notwendig	
2. Die Qualifikation ist zu niedrig, jedoch davon ausgehend, daß das Qualifikationspotential vorhanden ist		Maßnahmen notwendig
3. Die Qualifikation ist zu niedrig, jedoch davon ausgehend, daß das Qualifikationspotential nicht vorhanden ist	Maßnahmen notwendig	
4. Die Qualifikationsstufe ist gleichwertig, aber anders geartet als die Anforderung des Arbeitsplatzes es erfordert	Maßnahmen möglich	Maßnahmen möglich
5. Die Qualifikation ist höher als die Anforderung	Maßnahmen notwendig	

Qualifikations-Anforderungs-Abgleich und Reaktionsmöglichkeiten

Fachliche Notwendigkeit oder aufgabenbezogener Zwang lassen jedoch eine funktionierende und vertrauensvolle Zusammenarbeit keineswegs automatisch entstehen.

Entscheidend ist in diesem Zusammenhang vielmehr die innere Einstellung von Vorgesetzten und Mitarbeitern zur Zusammenarbeit, die sich darin ausdrückt, in welchem Grad es möglich ist, trotz unterschiedlicher Meinungen ein gemeinsames Leistungsziel zu erreichen.

Dies bedeutet, daß bei gegensätzlichen Auffassungen der Wille zur Einigung im Sinne einer gemeinsamen Leistung stark ausgeprägt sein muß.

Schwerwiegender als fachliche Probleme wirken Bestimmungsgrößen im zwischenmenschlichen Bereich auf die Organisation und damit auf die Bereitschaft zur Zusammenarbeit, wie z. B. Sympathie oder Antipathie, die normalerweise in jeder Arbeitsgruppe mit einer gewissen Bandbreite auftreten.

Da sich auch die Mitarbeiter im zeitlichen Ablauf verändern, Einstellungen und Verhalten den unterschiedlichsten Einflüssen unterliegen und Modifikationen praktisch nicht vorhersagbar sind, wird eine potentielle oder tatsächliche Dynamik zum Wesenszug der Zusammenarbeit.

Der Ausbau der Zusammenarbeit innerhalb einer Arbeitsgruppe wird ganz wesentlich davon abhängen, ob es dem jeweiligen Vorgesetzten gelingt, diese Veränderungen zu erkennen und durch aktive Führungstechniken regulierend einzugreifen.

Hierzu ist ständige offene Kommunikation zwischen den Beteiligten ein wesentlicher Faktor, damit die gegenseitigen Vorstellungen und Erwartungen sowie daraus resultierende Verhaltensweisen in Entscheidungsprozesse mit einbezogen werden können.

Insofern haben Stil der betrieblichen Zusammenarbeit, ebenso wie menschliche Atmosphäre in den Arbeitsgruppen einen nicht zu unterschätzenden Einfluß auf das Kooperationsklima und damit auch auf den Leistungserfolg.

Im Zusammenhang mit Personaleinsatz und Personalentwicklung ist mit der betrieblichen Zusammenarbeit der dritte wesentliche Faktor im Rahmen der qualitativen Personalplanung festgelegt.

Die Beachtung der dargestellten Interdependenzen nicht nur in unternehmensweiten Regelungen und Führungsgrundsätzen, sondern auch in den Kleingruppen der betrieblichen Leistungserstellung ist ein wesentlicher Bestandteil einer modernen Personal-Marketing-Konzeption. Hierbei entscheidet es sich, ob der Mitarbeiter im Arbeitsgeschehen tatsächlich einen angemessenen Stellenwert erhält oder ob alle guten Ansätze im „Papierstadium" enden.

Zielgruppenorientierte Personalforschung

Das Instrumentarium des Personal-Marketing muß sich an personalbezogenen Notwendigkeiten, die sich aus der derzeitigen oder zukünftigen Unternehmenstätigkeit ergeben, orientieren.

Um geeignete Einzelinstrumente konzipieren und auswählen zu können, ist es wichtig, entsprechende Hintergrunddaten insbesondere auch in quantitativer Hinsicht zur Verfügung zu haben.

Aufgabe der Personalforschung ist es, sämtliche Informationen zusammenzutragen und auszuwerten, die Aussagen und Schlußfolgerungen zur Vorbereitung von Personalentscheidungen liefern können. Insofern hilft die Personalforschung auch, ein wirksames Personal-Marketing-Mix zu definieren. Hierbei handelt es sich jedoch nicht um individuelle Daten, vielmehr sollen zielgruppenspezifische Auswertungen vorgenommen werden.

So kann z. B. die qualitative Personalplanung auf quantitative Daten der Personalforschung zurückgreifen und somit auch in dieser Hinsicht fundierte Maßnahmenpläne erarbeiten.

Berücksichtigung finden hierbei nicht nur meßbare Ist-Daten, sondern auch Schätz- und Prognose-Daten, um auch fundierte mittel- und langfristige Aussagen zu ermöglichen.

Ein weiteres wichtiges Aufgabengebiet der Personalforschung sind Mitarbeiterbefragungen. Dieses Instrument, das heute noch vielfach zu wenig Beachtung findet, gibt zum einen darüber Aufschluß, wie die Mitarbeiter gewisse Themenstellungen einschätzen, also z. B. ob bestimmte Maßnahmen auch tatsächlich den gewünschten Erfolg zeigen, oder zum anderen, in welche Richtung sich die Mitarbeiterwünsche und -bedürfnisse entwickeln.

Neben diesen internen Untersuchungen ist es ebenfalls Aufgabe der Personalforschung, extern orientierte Fragestellungen zu bearbeiten.

Ein wesentlicher Punkt ist hierbei die Imageforschung, also die Fragestellung, welchen Stellenwert das Unternehmen bei klar definierten Zielgruppen (z. B. Hochschulabsolventen, Führungskräften usw.) einnimmt. Dies können auch Untersuchungen sein, die einen Vergleich zu Konkurrenzunternehmen ermöglichen.

Insbesondere die interne Personalforschung kann sich meist schon vorhandener Daten im Rahmen existierender Personalinformationssysteme bedienen. Die EDV bietet hier schnelle und zuverlässige Auswertungsmöglichkeiten, es sollte jedoch stets darauf geachtet werden, daß nicht durch unkontrollierte massenhafte Routineauswertungen wesentliche Ergebnisse in der Vielfalt des Zahlenmaterials untergehen.

Neben standardmäßigen Erhebungen ist es gerade Aufgabe der Personalforschung, selbständig auf kritische Daten oder Veränderungen im Unternehmen hinzuweisen.

Ein Mindestmaß an Unabhängigkeit in der organistorischen Zuordnung zu Entscheidungsträgern im Personalbereich erscheint in diesem Zusammenhang sinnvoll, so daß die direkt weisungsgebundenen Aufgabenstellungen nicht zu stark in den Vordergrund treten.

Unternehmensinterne Personalforschung

Wichtige Entscheidungsgrundlage zur Steuerung der Personalarbeit sind Informationen z. B. über

- Planstellenzahlen und -entwicklung
- Beschäftigtenzahlen und -entwicklung
- Auszubildendensituation
- Personalbedarf
- Altersstrukturen
- Fluktuationsziffern
- Betriebszugehörigkeiten
- Qualifikationsstrukturen usw.

Diese schwerpunktmäßig statistischen Werte zeigen aktuelle Unternehmensdaten auf. Durch exaktes Zahlenmaterial lassen sich Rückschlüsse auf zukünftige Entwicklungen wesentlich sicherer ziehen als durch subjektive Einschätzungen. Die Zusammenstellung dieses Zahlenmaterials ist allerdings nicht selten mit erheblichem verwaltungstechnischen Aufwand verbunden.

So kann z. B. eine starke Alterslastigkeit, verbunden mit hoher Fluktuation von jungen Mitarbeitern, schon frühzeitig auf spätere Probleme bei qualifizierten Stellenbesetzungen hinweisen. Ebenso könnte daraus auf ein Betriebsklima und eine Führung geschlossen werden, die den Vorstellungen der jungen Generation nicht mehr ganz entspricht.

Die Wettbewerbsfähigkeit könnte auch langfristig in Gefahr sein, wenn die Qualifikationsstrukturen zu einseitig ausgerichtet sind.

Betriebliche Führungskräfte, die sich durch großes Engagement und hervorragende Leistungen z. B. aus der Meisterebene entwickelt haben, sind für das Unternehmen insbesondere im Produktionsbereich sicher sehr wertvoll, ob sie für Entwicklung und Konstruktion aber das geeignete Qualifikationsprofil haben, ist bei dem schnellen technischen Wandel und hohen Wettbewerbsdruck fraglich. Hier könnte ein Unternehmen durch intensive Personalforschung erkennen, daß u. U. die Notwendigkeit besteht, den Anteil der Ingenieure an den Beschäftigten zu erhöhen.

Der qualitativen Komponente der internen Personalforschung kommt eine nicht minder bedeutsame Rolle zu, Arbeitsplatzforschung und Mitarbeiterbefragungen sind hierbei die wesentlichen Elemente.

Verstärkter Technik-Einsatz und Bürokommunikation werden die Arbeitsplätze zukünftig enorm verändern. Die Erfassung heutiger Strukturen und Überlegungen zur Bewältigung des absehbaren Wandels von der technischen Seite wie auch der personellen Seite sind Aufgaben, die die Personalforschung zu lösen hat.

Während diese Untersuchungen bewußt rationale Daten, die gegebenenfalls auch wissenschaftlich abzusichern sind, in den Vordergrund stellen, legen die Mitarbeiterbefragungen großen Wert auf die Erfassung subjektiver Wertvorstellungen und Bedürfnisstrukturen. Hierdurch sind z. B. Probleme des Betriebsklimas erkennbar, die wiederum Rückschlüsse auf das Leistungsverhalten zulassen.

Beispielsweise könnten neue Mitarbeiter des Unternehmens nach einem Jahr befragt werden, ob sich die persönlichen Erwartungen erfüllt haben und die vor Eintritt vermutete Unternehmenskultur sich bestätigt hat oder nicht.

Die sich hieraus ergebenden Erkenntnisse können in die Aktivitäten der Personalbeschaffung mit einfließen und mittelfristig helfen, Diskrepanzen zwischen Scheinbild und Realität abzubauen.

Externe Arbeitsmarktforschung

Gesamtwirtschaftliche Entwicklungen beeinflussen Geschäftstätigkeit und Erfolg von Unternehmen in unterschiedlich starker Intensität. Globale Rahmendaten wie z. B. Konjunkturentwicklung, Konkurrenzfähigkeit, aber auch Faktoren des Arbeitsmarktes helfen dabei, frühzeitig Informationen über zukünftige Entwicklungen zu erhalten und somit Ansatzpunkte für eine zielgerichtete Maßnahmensteuerung zu erkennen.

Die externe Arbeitsmarktforschung bedient sich hierbei schwerpunktmäßig statistischen Materials, das staatliche Stellen, Verbände oder Forschungsinstitute zur Verfügung stellen. Diese meist umfangreichen Daten müssen zusammengefaßt und auf die spezifischen Aussagen für die jeweilige Branche oder das bestimmte Unternehmen hin untersucht und ausgewertet werden.

Auf betrieblicher Ebene können z. B. folgende Forschungsdaten von Interesse sein:

- Entwicklung der Erwerbsbevölkerung
- Altersstrukturentwicklung
- Lebenserwartung
- Vorausschau Berufsanfänger
- Einkommensentwicklung
- Mobilität der Arbeitskräfte usw.

Ziel der Arbeitsmarktforschung ist hierbei, Diskrepanzen zwischen vorhersehbarer Unternehmensentwicklung und globaler Entwicklung aufzuzeigen und gegebenenfalls Gegenstrategien zu entwickeln.

Ist z. B. die Einkommensentwicklung im zugrundeliegenden Unternehmen deutlich erkennbar niedriger als im globalen Durchschnitt und gleichzeitig ein Mangel an Fachkräften im Unternehmen festzustellen, so ist es wahrscheinlich, daß diese Lücke sich eher vergrößert als verkleinert, wenn der Gesamtarbeitsmarkt die Nachfrage nicht befriedigen kann.

Zweifelsohne ist es aber nicht immer einfach herauszufinden, inwieweit Ursache und mögliche Wirkungen auch tatsächlich voneinander abhängen, da in den meisten Fällen mehrere Faktoren ohne ausreichend bewertbare Trennschärfe auf ein Untersuchungsobjekt einwirken.

So kann z. B. ein relativ geringer Bewerbereingang als Ergebnis einer geschalteten Stellenanzeige darauf hindeuten, daß der Arbeitsmarkt nicht die geeigneten Bewerber zur Verfügung stellen kann, oder auch, daß der Text der Anzeige nicht ansprechend war. Es ist aber auch denkbar, daß der Text hervorragend war, die Bewerber das inserierende Unternehmen aber nicht besonders hoch einschätzen und somit auf Bewerbungen verzichten.

Wenn dagegen auf eine Stellenanzeige relativ viele Bewerbungen eingehen, so ist dies trotz eines leergefegten Arbeitsmarktes dann möglich, wenn das Unternehmen ein positives Imageprofil aufweist oder für sehr gute Konditionen oder Aufstiegschancen bekannt ist. Im negativen Fall kann dies aber auch bedeuten, daß die Anzeige so allgemein formuliert war, daß alle diejenigen, die bisher kein Arbeitsplatzangebot erhalten haben, sich auf diese Anzeige beworben haben. Die wirklich guten deswegen aber vielleicht nicht.

Die Personalforschung muß aus diesen Gründen stets versuchen, unterschiedliche Einflußfaktoren voneinander abzugrenzen und klare Ursache-Wirkungs-Beziehungen aus einer Vielzahl von Faktoren herauszufiltern.

Ihre Aufgabenstellung kann sie auch dann korrekt erfüllen, wenn sie sich mit realistischen Analysen auch manchmal über „erwartete" Ergebnisse hinwegsetzt.

Imageforschung

Mit dem Aufschwung des Personal-Marketing in den siebziger Jahren hat insbesondere auch die Imageforschung eine neue Dimension erhalten. Die Unternehmen wurden sich bewußt, daß das Bild, das das eigene Unternehmen in der Öffentlichkeit hat, wesentlich dazu beiträgt, ob sich ein Bewerber letztendlich für oder gegen ein Vertragsangebot entscheidet.

Da das Image eines Unternehmens einem ständigen Wandel unterworfen ist, ist die Imageforschung eine ständige Einrichtung und Bindeglied zwischen öffentlicher Meinung und unternehmensbezogener Reaktion.

Zielgruppenspezifische Untersuchungen, wie z. B. das Image in den Augen von Hochschulabsolventen oder Führungskräften, geben Aufschluß darüber, wie das Unternehmen als Arbeitgeber gesehen wird.

Hierbei können sich durchaus große Unterschiede ergeben zwischen dem Unternehmensimage produktbezogen und arbeitgeberbezogen. Im Normalfall gibt es zwar positive Korrelationen zwischen Produkt- und Arbeitgeber-Image, dies jedoch als automatische Gegebenheit anzusehen, könnte durchaus negative Auswirkungen auf die Rekrutierung zukünftiger Mitarbeiter haben.

Besonders bemerkenswert ist dabei, daß sich Imageveränderungen behutsam, kontinuierlich und eher langsam vollziehen. So bleibt ein positives Image auch ohne steuernde Aktivitäten durchaus für eine gewisse Zeit bestehen, während ein negatives Image nur mit viel Aufwand, Ausdauer und Kontinuität verbessert werden kann.[30]

Bei Imageuntersuchungen wird häufig übersehen, daß es nicht nur ein externes, sondern auch ein internes Arbeitgeber-Image gibt. In vielen Fällen wird zwar an dem externen Image massiv gearbeitet, das interne Image aber kaum beachtet.

Treten jedoch zwischen internem und externem Image wesentliche Unterschiede auf, sind Schwierigkeiten vorprogrammiert. Dies gilt insbesondere dann, wenn das interne Image weit weniger gut ausfällt als das externe Image. Mitarbeiter werden sich an dem externen Image orientieren und durch die entgegenlaufende persönliche interne Einschätzung zumindest irritiert sein.

Es ist durchaus möglich, daß diese Mitarbeiter demotiviert werden und somit in ihrer Leistungsfähigkeit blockiert sind.

Ganz wichtig erscheint in diesem Zusammenhang, daß es nur von untergeordneter Bedeutung ist, wie z. B. die Sozialleistungen für die Mitarbeiter tatsächlich gestaltet sind. Auch durchaus weitgehende

---

[30] GROENEWALD, H./HORN, S.: Das Firmenimage auf Arbeitsmärkten. Wie kann es ermittelt und beeinflußt werden, in: Personalwirtschaft 12/86. Frankfurt 1986. S. 489–495.

Regelungen können aufgrund subjektiver Einschätzungen eher negativ bewertet werden.

Diese Abhängigkeiten muß die Imageforschung aufzeigen, aber nicht nur globale Aussagen und Veränderungen sind interessant, sondern auch vergleichende Imagestudien, Konkurrenten oder vergleichbare Branchen.

Der Aufwand für derartige Untersuchungen ist jedoch nur dann sinnvoll, wenn Folgerungen daraus gezogen werden und image-begleitende Maßnahmen durchgeführt werden.

Hierbei arbeiten Imageforschung und Personalwerbung unmittelbar zusammen, denn auch Personalwerbung ist eine ganz wesentliche Wirkkraft für die Imagebildung.

Zeitgemäße Personal-Image-Werbung

Personalwerbung ist Kommunikation zur zielgerichteten Beeinflussung festgelegter Ansprechpartner zu einer den Unternehmensvorgaben im Personalbereich entsprechenden Entscheidung.

Die Wirksamkeit der ablaufenden Kommunikationsprozesse ist wesentlich davon abhängig, ob das Unternehmen als Ganzes ein geschlossenes Konzept, Erscheinungsbild und Unternehmenskultur, vorweisen kann.

Personalwerbung im Rahmen eines unternehmensweit organisierten und realisierten Corporate Identity paßt sich harmonisch angrenzenden Werbebereichen an und signalisiert in der Öffentlichkeit den direkten Bezug zu dem Unternehmen.[31]

Fünf Werbearten, wie nachfolgend dargestellt, sollen in dieser Hinsicht nebeneinander gleichermaßen ausgewogen wirksam werden und nicht miteinander konkurrieren. Dies erscheint um so wichtiger, als es teilweise inhaltliche Überschneidungen gibt.[32]

---

31) RAITHEL, H.: Kultur in Reih und Glied, in: Manager Magazin 7/86, Hamburg 1986, S. 140–152.
32) HUNZIKER, P.: a. a. O., S. 13/14.

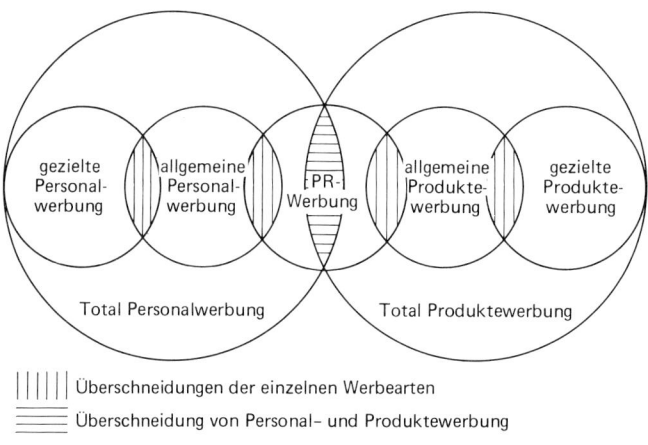

| | | | | | Überschneidungen der einzelnen Werbearten
═══ Überschneidung von Personal- und Produktewerbung

Werbearten und ihre Verknüpfung

● Die PR-Werbung dient zur globalen Imagepflege und regelt die Beziehungen zur Öffentlichkeit.

● Die allgemeine Personalwerbung oder Personal-Image-Werbung, die dem Unternehmen ein geeignetes unverwechselbares typisches Image als Arbeitgeber verschaffen soll.

● Die gezielte Personalwerbung (Personalsuche), die konkrete Personalbeschaffungsaktivitäten als Auslöser hat.

● Die allgemeine Produktwerbung, die das Produkt und damit die generelle Unternehmensleistung zum Ausdruck bringen soll.

● Die gezielte Produktwerbung, die sich praktisch ausschließlich an Absatzüberlegungen orientiert.

Die Personalwerbung ist somit in ein unternehmensbezogenes Umfeld eingebettet und ist unternehmensintern wie auch unternehmensextern wirksam.[33]

33) GROENEWALD, H./HÜNERBERG, R.: Effizientes Konzept der Personalwerbung, in: Personalwirtschaft 6/85, Frankfurt 1985, S. 230 – 234.

Die kontinuierliche Abstimmung des Instrumentariums und damit des Kommunikationskonzeptes ist absolut notwendig, um mit einem einheitlichen Erscheinungsbild in der Öffentlichkeit auftreten zu können.

Im Gegensatz zur Personalsuche orientiert sich die Personal-Image-Werbung nicht an aktuellen Bedarfssituationen, sondern bildet die Rahmenkonzeption für die Darstellung des Personal-Marketing-Ansatzes nach innen und nach außen.

Die Personal-Image-Werbung kann jedoch nur dann ihre volle Wirkung entfalten, wenn tatsächlich ein geschlossenes Konzept einer umfassenden Unternehmenswerbung vorliegt.

Das Instrumentarium der Personal-Image-Werbung

In heute praktizierten Personal-Marketing-Konzeptionen hat die Personal-Image-Werbung einen festen Platz eingenommen. Die Anspra-

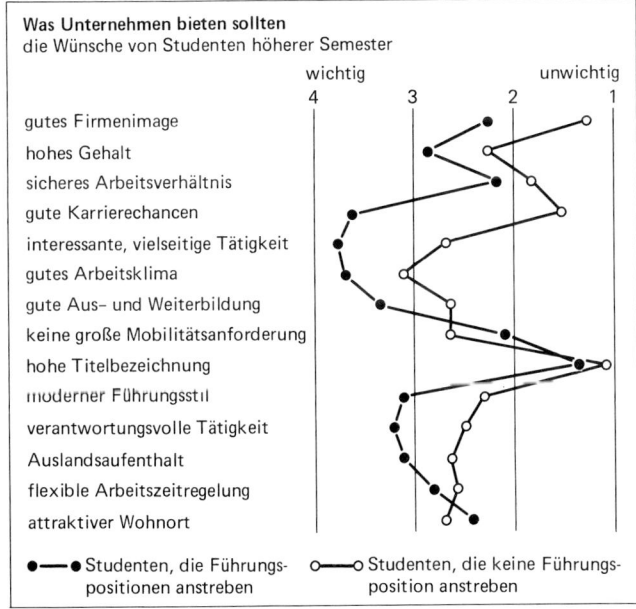

Was Unternehmen bieten sollten[34]

---

34) o. V.: Die Angst vor der großen Langeweile, in: Manager Magazin 7/86, Hamburg 1986, S. 174–176.

che von indirekten Kommunikationspartnern und die Lenkung der Aufmerksamkeit auf positive Aspekte des Unternehmens als Arbeitgeber macht deutlich, daß über aktuelle Personalsuch-Aktionen hinaus der langfristigen Imagebildung wesentlich höhere Priorität als in der Vergangenheit eingeräumt wird.[35]

Den nachfolgenden Maßnahmenkatalog der Personal-Image-Werbung hat Nawrocki zusammengestellt.[36] Da er seine praktische Bewährung bereits vielfach unter Beweis gestellt hat, soll er hier aufgeführt werden:

– Personal-Image-Anzeigen sollen in den redaktionellen Teilen der Medien geschaltet werden (wie Spiegel, Wirtschaftswoche, Zeit, VDI-Nachrichten).

  Inhalte: Allgemeine positive Darstellung des Unternehmens als Arbeitgeber, verbunden mit allgemeinen beruflichen Angeboten, ohne daß allerdings konkrete Positionen angeboten werden.

  Die Anzeigen sollten, wie in der Produktwerbung, als Serie mit gleichbleibender zeitlicher Frequenz erscheinen und müssen sich für weitere Informationsangebote „öffnen", entweder durch Coupon oder durch Nennung von Ansprechpartnern. Mit anderen Worten: Qualifizierten Fachkräften sollte die Kontaktaufnahme zum Unternehmen – unverbindlich! – so leicht wie möglich gemacht werden, und sei's, daß sie sich nur intensiv informieren wollen.

– Personalanzeigen in den üblichen Stellenteilen geeigneter Medien sollten so gestaltet und getextet sein, daß sie selbst bei zufälliger Beachtung als zu den Image-Anzeigen gehörig identifiziert werden – und umgekehrt (Multiplikationseffekt).

– Firmenbroschüren, die das Unternehmen als Arbeitgeber porträtieren, informativ, lesenswert, ehrlich. Eine derartige Broschüre

---

[35] s. a. HENZLER, A.: Personal-Image, in: Handwörterbuch des Personalwesens, Stuttgart 1975, Sp. 1564–1571.

[36] NAWROCKI, J.: Personal-Image-Werbung: Ein neues Instrument für den sich wandelnden Arbeitsmarkt, in: Die Zeit, Personalwerbung aktuell, Hamburg 1986, S. 7–8.

könnte den Zielgruppen auf die unterschiedlichste Weise an die Hand gegeben werden: per Anzeigen-Coupon, per Auslage auf Seminaren oder Messen.

– Begleitende Maßnahmen und Veranstaltungen, die individuell auf das Image und die Ziele des Unternehmens zugeschnitten werden müssen, wobei zu berücksichtigen ist, daß sich Kontakte zwischen Managern des Unternehmens und den Zielgruppen – beispielsweise bei Vorträgen – nachhaltig auf das Firmen-Image auswirken. Positiv, mitunter aber auch negativ – und gerade letzteres spricht sich schnell herum.

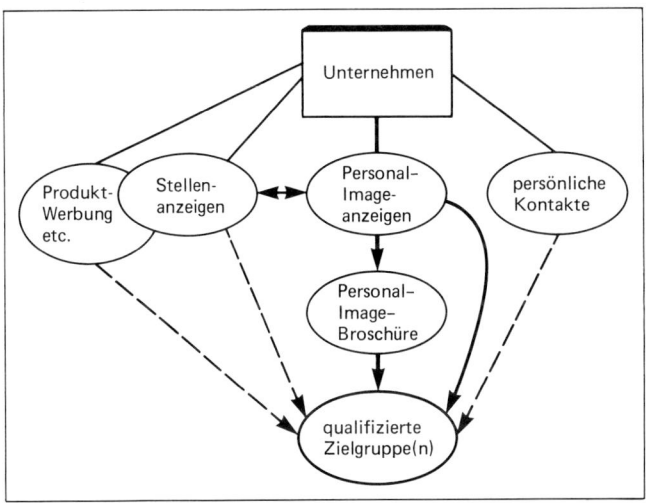

Das Instrumentarium der Personalsuche und Abhängigkeiten zur Personal-Image-Werbung[37]

Während Personalsuchanzeigen eher einen Einmaligkeitscharakter und damit auch vereinzelte Schwachstellen im Normalfall keine Langzeitwirkung haben, ist bei dem kontinuierlichen Einsatz der Personal-Image-Werbung eine exakte Planung, Kontrolle und ständige

---

[37] NAWROCKI, J.: Neue Media-Alternativen bei der Jagd auf Führungskräfte, Media-Spektrum 12/86, S. 32.

Anpassung an veränderte Gegebenheiten unbedingt erforderlich.

Schwerpunktmäßig sollten nachfolgende acht Elemente der Personalwerbung ständig überprüft und gegebenenfalls modifiziert werden:[38]

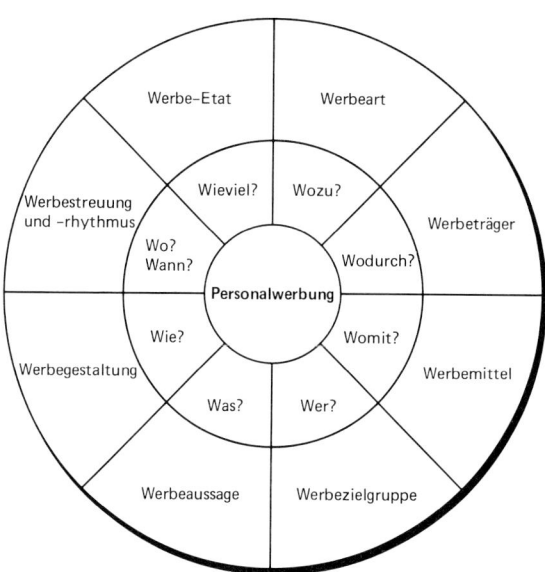

Elemente der Personalwerbung

Wie bei vielen Aktivitäten des Personalbereichs ist auch bei der Personal-Image-Werbung eine Erfolgskontrolle schwierig. Die Personalforschung kann hier jedoch zumindest mittel- und langfristige Trends erkennbar machen. Und wie schon erwähnt, sind imagebezogene Zielsetzungen kurzfristig sowieso kaum zu realisieren.

Beispiele zur Personal-Image-Werbung

Anhand dreier Beispiele gelungener Personal-Image-Werbung, die jedoch ohne repräsentativen Charakter, aber trotzdem sehr eindrucksvoll sind, soll das Prinzip der Personal-Image-Werbung nochmals anschaulich verdeutlicht werden.

---

38) HUNZIKER, P.: a. a. O., S. 13.

1. Beispiel: Commerzbank
    Aufgaben und Freiräume.
    Das Wichtigste für fähige junge Menschen.

In ganzseitigen Anzeigen in Wochenendausgaben von überregionalen Tageszeitungen, jedoch außerhalb des Stellenteils, wurde diese Anzeige geschaltet.

Sie untergliedert sich in einen mit Bildern unterstützten Teil, in dem drei beispielhafte berufliche Karrieren stichwortartig aufgeführt sind. Hiermit soll anhand echter Fakten aufgezeigt werden, welche Berufschancen dieses Unternehmen ermöglicht. Bilder und Lebensläufe machen den Leser neugierig und schaffen große Aufmerksamkeit.

Im zweiten Teil der Anzeige wird versucht, ein Stück Unternehmensphilosophie dem Leser näherzubringen. Stark verknüpft werden hierbei Aspekte, die dem Leser den Menschen zum einen als Kunden, zum anderen als Mitarbeiter des Unternehmens positiv in Erscheinung treten lassen. Es wird ein Bild gezeichnet, das dem eigenen Vorstellungsvermögen vermitteln soll, als Kunde und als Mitarbeiter, das könnte etwas für mich sein.

Der kleiner gedruckte letzte Absatz der Anzeige stört etwas die Gesamtharmonie und erscheint entbehrlich, ein Hinweis auf Ansprechpartner oder einfach eine Adresse zur Kontaktaufnahme wäre sicher sinnvoller gewesen, unabhängig davon ob im Stellenteil der Zeitung noch weitere Anzeigen geschaltet sind oder nicht. Die Anzeige spricht für sich, die Gründe, für die Schaltung explizit aufzuführen, wirkt neben der überzeugenden Image-Werbung schon fast etwas bürokratisch.

2. Beispiel: AUDI AG
    Karriere.

Die nachstehend verkleinert abgebildete Anzeige ist u. a. als ganze Seite in einer Monatszeitschrift für Ausbildung, Examen und Weiterbildung mit der Zielgruppe Studenten erschienen.

Diese Anzeige zeichnet sich durch mehrere positive Aspekte aus. Die Headline Karriere erweckt Neugierde, da es sich hierbei um ein Schlagwort der aktuellen Diskussion handelt, aber in der Headline

Karriere.

Wir wollen diesem Wort seine positive Bedeutung zurückgeben. Karriere. Dieser Begriff bedeutete oft: Berufliches Vorwärtsstreben als egoistisches Prinzip. Aufstieg im Sinne von Nehmen sozusagen. Doch mittlerweile hat sich die Einstellung geändert. Leistung und Übernahme von Verantwortung wird wieder mehr als Beitrag jedes einzelnen für die Gesamtheit gesehen. Karriere ist also nicht mehr nur Selbstzweck, sondern Triebfeder zur Erreichung unternehmerischer, gesellschaftlicher Ziele und zur Entfaltung eines jeden. Wir bei Audi meinen: Produktive Tätigkeit und Leistung gehören zur menschlichen Natur. Leistung muß sein – aber im Sinn von Geben und Nehmen; gleichermaßen im gemeinsamen Interesse. Daß das Wort Karriere in diesem Sinne wieder neues Leben, neue Bedeutung erhält, dafür setzen wir bei Audi uns ein.
Wollen Sie das auch? Herzlich willkommen.

AUDI AG
Personalwesen Tarifangestellte
Postfach 2 20 · 8070 Ingolstadt
Postfach 11 44 · 7107 Neckarsulm

**Vorsprung
durch Technik**

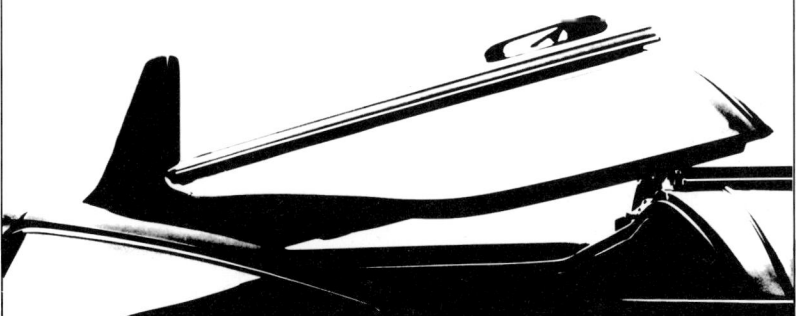

isoliert, also ohne weitere Informationen den Leser massiv, aber ohne „aktiven Zwang" zum Weiterlesen anregt.

Des weiteren wird im Text der häufig negative Beigeschmack des Wortes Karriere aufgelöst und in die positive Bedeutung im Sinne von „Geben und Nehmen" umgewandelt.

Eine direkte Aufforderung, weitere Informationen einzuholen, fehlt; allerdings erscheint das „Herzlich willkommen" am Ende des Textteils wesentlich effektiver, weil emotional einladend und trotzdem unaufdringlich.

Auch visuell erregt diese Anzeige Aufmerksamkeit. Das Audizeichen, mit dem Ausspruch „Vorsprung durch Technik" verbunden, ist mittlerweile als zusammenhängende Einheit bekannt und wirkt vertraut (auch durch die Produktwerbung).

Die von oben dargestellte leicht geöffnete Autotür verblüfft durch die ungewöhnliche Perspektive und korrespondiert insofern gedanklich mit „Vorsprung durch Technik".

Eine Kontaktadresse rundet die Anzeige ab, trotz zweier Standorte von Audi in Ingolstadt und Neckarsulm wirkt die bewußte Angabe zweier Adressen für Nichteingeweihte jedoch eher verwirrend.

3. Beispiel: BMW AG
          Ich weiß, daß ich nichts weiß.
          Kein Platz für Menschen?
          Sorry, Mr. Orwell . . .

Die abgebildeten Anzeigen sind im Rahmen einer Personal-Marketing-Konzeption in verschiedenen Zeitungen über einen längeren Zeitraum veröffentlicht worden.

Es zeigt sich hier, daß von einem Grundkonzept ausgehend, immer neue Ideen in die Grundkonzeption eingeflochten werden.

Der Einstieg zu den Anzeigen wird über eine Neugierde weckende Headline hergestellt. Dies bewirkt, daß trotz wenig ansprechender Textgestaltung der Leser sicher mehr wissen möchte.

72

Ich weiß, daß ich nichts weiß.

Dieser Satz des Sokrates gewinnt heute eine neue Bedeutung. Denn angesichts einer Wissens-Explosion wie noch nie ist fachliches Know-how schon in wenigen Jahren immer wieder veraltet. Das wissenschaftlich-technische Hochschulwissen eines Berufsanfängers gilt z. B. schon nach 3 Jahren als Nostalgie. Der einzige Weg, diese Situation zu bewältigen, ist „lebenslanges Lernen".

Deshalb hat Weiterbildung eine existentielle Bedeutung. Für die Mitarbeiter und für das Unternehmen.

BMW hat daher mit großem Engagement und überproportionalen Steigerungsraten eine beispielhafte unternehmenseigene Weiterbildung aufgebaut. Sie beinhaltet neue spezifische Lernformen wie das Projekt-und Aktionslernen (der Organisationsentwicklung) oder die „Lernstatt", die BMW fast ein Jahrzehnt vor Einführung der japanischen „Quality-Circles" für europäische Bedürfnisse entwickelt hat. Zu diesen praxisnahen Konzeptionen kommen „übergreifende" Aktivitäten wie das „Kontaktstudium" in Zusammenarbeit mit Universitäten oder die Entwicklung von Denkmodellen und Führungsstrategien wie „werteorientierte Personalpolitik" und „BMW-Führungskultur". So schaffen wir die Voraussetzungen, nicht nur im Markt, sondern auch in Kultur und Gesellschaft der Zukunft zu bestehen.

Zentrales Personalwesen

BMW AG

Kein Platz für Menschen?

Es wird Zeit, die Prognosen zum Thema Arbeitswelt einmal kritisch zu überprüfen. Ist z. B. die düstere Behauptung, Automatisierung und Rationalisierung würden zwangsläufig Arbeitsplätze vernichten, wirklich richtig? Wir bei BMW haben andere Erfahrungen gesammelt. In den letzten 10 Jahren sind Großrechner, automatische Produktionsanlagen und Arbeitsroboter eingesetzt worden. Dennoch wurden gleichzeitig rund 25.000 Arbeitsplätze geschaffen – und ganz nebenher wurde die Qualität der vorhandenen auf breiter Ebene verbessert. Unsere Erkenntnisse daraus? Es ist genau umgekehrt. Gerade die Möglichkeiten moderner Technologien schaffen neue und bessere Arbeitsplätze. Denn die bessere Technik ist die Voraussetzung für Markterfolge – nur Markterfolge lassen Unternehmen wachsen – und nur Unternehmen, die wachsen, brauchen neue Mitarbeiter. Rund 25.000, wie schon gesagt, waren es bei uns. Daneben haben wir unsere Produktion während der letzten 10 Jahre mehr als verdoppelt und den Umsatz mehr als versechsfacht. Ein klarer Beweis, daß bei uns Vernunft nicht nur im Werk, sondern auch am Werk war. Wir werden diesen Kurs beibehalten und auch in Zukunft konsequent neue Technologien einsetzen, um unsere Arbeit und Arbeitswelt qualitativ weiter zu verbessern und weitere neue Arbeitsplätze zu schaffen. Plätze für Menschen.

Zentrales Personalwesen

BMW AG

Sorry, Mr. Orwell...

Offener Brief an G. Orwell

Die Arbeitswelt 1984 und die von morgen sieht anders aus als in Ihren Visionen. Wir haben auch allen Grund anzunehmen, daß sie sich in den nächsten Jahrzehnten eher zum Gegenteil Ihrer Fiktion ontwickeln wird. Die neuen Werte werden Individualität, Humanität und Leistung heißen. Kommunikation, sozialer Kontakt, Kreativität werden immer höheren Stellenwert bekommen. Der Arbeitsplatz wird zur Stätte der Selbstverwirklichung in einem neuen Sinne.

Dies alles trotz oder gerade wegen neuer Technologien, elektronischer und datenverarbeitungstechnischer Innovationen, zu deren Durchbruch wir als eines der fortschrittlichsten Automobilwerke der Welt einen wesentlichen Beitrag leisten. Denn wir haben die Herausforderung angenommen. Wir werden mit Robotern, computerunterstützten Arbeitsplätzen, mit den neuen Möglichkeiten elektronischer Kommunikationstechniken bewußt leben und arbeiten lernen. Und gerade das wird uns den Freiraum geben, das Wesentliche in den Mittelpunkt zu stellen: den Menschen. Er wird ein neues Arbeits-Selbstverständnis finden, neue Dimensionen für Leistung entdecken. Daß dies nicht von ungefähr kommt, sondern gezielter Vorbereitung in der Schaffung neuer entwicklungsfähiger Personal-Strukturen bedarf, ist uns klar.

Moderne Personalpolitik, wie wir sie bei BMW heute und morgen betreiben, ist deshalb das genaue Gegenteil Ihrer Voraussagen, Mr. Orwell. Sie hilft, diesen Weg in die Zukunft zu analysieren und zu fördern. Sie hilft dem einzelnen, sich innerhalb und außerhalb seines Arbeitsumfeldes zu verwirklichen. Nicht durch Normen und Steuerung – sondern durch Selbständigkeit und Höherqualifizierung, durch neue Führungsethik, durch mitarbeiterorientierte Weiterbildung und anspruchsvolle Arbeitsplätze. Durch Umwandlung konventioneller Hierarchien in leistungsverbindende Arbeitsstrukturen.

Wir wissen, daß dies ein steiniger und langer Weg wird. Aber es ist auch ebenso sicher, daß er sich lohnt. Und, sure, Mr. Orwell, daß diese Zukunft auch Ihnen lieber gewesen wäre. Isn't it?

Ihr BMW-Personalwesen im Jahre 1984

BMW AG

Als visuelles Element wird eine Fahrzeug-Frontansicht gewählt, die mit dem Firmenemblem versehen, auf den ersten Blick zu erkennen gibt, um welches Unternehmen es sich handelt.

Der Unternehmensschriftzug ist verknüpft mit der groben Organisationsorientierung „Zentrales Personalwesen". Dies wirkt etwas halbherzig, da eine echte Kontaktadresse fehlt.

Als positives Beispiel für Personal-Image-Werbung gelten diese Beispiele insbesondere deshalb, weil sie Bestandteil eines strategischen Konzeptes sind und somit keine isolierten Einzelmaßnahmen darstellen.

Schade ist nur, daß die früher mitverwendeten zusätzlichen visuellen Elemente verschwunden sind und dadurch diese Anzeigen an Ausstrahlung und Anmutung etwas verloren haben.

Zusammenarbeit mit Werbeagenturen und Beratern

Die Gestaltung von Personal-Image-Werbung erfordert kreative Leistung und umfassende Werbekenntnisse. Die Frage, ob jede Werbeagentur auch Personal-Image-Werbung machen kann, muß im Einzelfall geprüft werden. Ohne fundiertes Personal-Know-how ist es jedoch, unabhängig von den anderen Rahmenbedingungen, schwierig, qualitative Elemente, die über Anzeigenkonzeptionen hinausgehen, kompetent mit einzubringen.

Trotz immer stärker in den Vordergrund strebender Personal-Image-Werbung hat bis heute kaum ein Unternehmen Mitarbeiter, die dieses Aufgabengebiet eigenverantwortlich betreuen. Mitarbeiter von internen Werbeabteilungen stehen schon aufgrund knapper zeitlicher Ressourcen selten bis überhaupt nicht zur Verfügung. In den meisten Fällen bleibt also nur der Weg nach außen und die Zusammenarbeit mit externen Beratern.

Für Klein- und Mittelbetriebe ist dies mit Sicherheit auch der kostengünstigste Weg, weil man bei richtiger Auswahl, jeweils bei Bedarf, Kompetenz einkaufen kann, während ein interner Mitarbeiter mit diesem Aufgabengebiet kaum sinnvoll ausgelastet wäre. Andererseits wird ein interner Profi auf diesem Gebiet vom Können und seinen persönlichen Arbeitswünschen her selten mit Freude zusätzlich artfremde Tätigkeiten übernehmen wollen.

Für Großunternehmen kann sich der Aufbau von internem Potential durchaus lohnen, es ist jedoch immer die Frage, ob durch fest installierte Organisationseinheiten die Kreativität nicht Schaden nimmt.

Die Innovation, die z. B. durch Präsentation verschiedener externer Agenturen getätigt wird, ist intern nur mit großem Aufwand, wenn überhaupt, zu realisieren.

Nicht selten versuchen Personalberatungsgesellschaften, die von den Unternehmen schon mit Suchaufträgen beauftragt waren, auch den Etat für die Personal-Image-Werbung zu erhalten.

Grund hierfür ist, daß die Personalberatungsgesellschaften ihre Anzeigendienste in das Geschäft bringen wollen, die zwar im Normalfall das handwerkliche Rüstzeug haben, um Anzeigen zu schalten, aber selten auch gestalterische und kreative textliche Autorität einbringen.

Effektive Personalbeschaffung

Aufgabe der Personalbeschaffung ist es, freie Stellen nach gewissen Vorgaben zu besetzen. Beispielhaft seien hier genannt: fachliche und persönliche Qualifikation, Berufserfahrung, Einkommensrahmen oder auch zeitliche Realisierung der Stellenbesetzung.

Eine Grundsatzfrage ist es immer, ob freie Stellen intern oder extern besetzt werden sollen. Es gibt heute kaum noch ein Unternehmen, das nicht die Stellenbesetzung grundsätzlich aus den eigenen Reihen vorsieht. Im Tarifbereich wird auch weitgehend dementsprechend verfahren, während im Führungskräftebereich dieses Prinzip häufiger, wenn auch begründet, durchbrochen wird.

Zu einem ausgewogenen Personal-Marketing-Konzept gehört in jedem Fall eine klare Stellungnahme zu dieser Frage. Wer Mitarbeitermotivation ernst meint, muß dem Aufstieg aus den eigenen Reihen eine hohe Priorität einräumen.

Eine interne Stellenbesetzung läßt zwar normalerweise wieder eine Vakanz entstehen, so daß durch eine freiwerdende Stelle durchaus eine größere Personalbewegung eintreten kann. Dieser u. U. unerwünschte Effekt steht aber in keinerlei Relation zu den Auswirkungen von unzufriedenen Mitarbeitern aufgrund einer externen Stellenbesetzung.

Problematisch wird eine externe Personalbeschaffung immer dann, wenn potentielle Nachfolger zur Verfügung stehen, aber aufgrund unzureichender interner Promotion keine Chance erhalten.

Für den Führungskräftebereich liegen Daten vor, die die Problematik externer Stellenbesetzungen drastisch verdeutlichen. So stellen Kress und Lünendonk fest, daß von den wechselnden Führungskräften jeder dritte das Unternehmen innerhalb eines Jahres wieder verläßt, 21% sogar schon während der ersten drei Monate.[39]

Eine vermeintlich elegante externe Lösung, vielleicht auch deswegen, um sich intern nicht für einen von mehreren Kandidaten festlegen zu müssen, kann also wesentliche negative Auswirkungen zur Folge haben.

Sollte eine externe Stellenbesetzung jedoch sachlich begründet und unumgänglich sein, ist darauf zu achten, daß die nicht zum Zuge gekommenen internen Kandidaten auf jeden Fall eine Erläuterung zu dieser Entscheidung erhalten.

„Wir haben entschieden, daß . . ." ist sicher nicht der geeignete Weg, interne Mitarbeiter trotz des Negativ-Erlebnisses, nicht der „Auserwählte" zu sein, zur weiteren Leistung zu motivieren. Auch dem Neuen gegenüber ist es nicht gerade fair, wenn man nicht versucht, bei den internen Kandidaten den Frust abzubauen.

Vielleicht liegt in diesen ungünstigen Abläufen sogar ein Schlüssel dafür, warum neue Führungskräfte in dem genannten hohen Anteil frühzeitig wieder abspringen. Vielleicht verweigert das zugeordnete Team die Zusammenarbeit, offen oder sehr geschickt im Hintergrund.

Ob ein solch negatives Entree und damit häufig schnelles Ende immer mit schwachen Führungsfähigkeiten des Stelleninhabers zusammenhängt, wie gerne gemutmaßt wird, darf sicher in vielen Fällen angezweifelt werden.

---

[39] KRESS, H./LÜNENDONK, T.: Starthilfe für die neue Führungskraft, Integrationsprobleme – Integrationslösungen, Hamburg 1984, S. 9.

Entscheidungsmerkmal
Anforderungs-Qualifikations-Abgleich

Eine sinnvolle Personalbeschaffung ist nur dann möglich, wenn Anforderungskriterien detailliert zur Verfügung stehen. Nicht selten werden jedoch bei der Formulierung der Anforderungen Maßstäbe festgelegt, die einen Realitätsbezug weitgehend vermissen lassen.

So ist z. B. heute eine „Qualifizierungs-Euphorie" feststellbar, die schwerwiegende Probleme für die Motivationsstruktur der neuen Stelleninhaber aufwirft. Es gilt mittlerweile schon oft als unabänderliches „Muß", Vakanzen mit möglichst hochqualifizierten Mitarbeitern zu besetzen. Nicht die geeignete Qualifikation ist häufig gefragt, sondern vielmehr eine höhere als bisher.

Die Qualifikation eines Industriekaufmanns reicht dann, bei nahezu unverändertem Aufgabengebiet, nicht mehr aus, der neue Stelleninhaber muß Betriebswirt sein. Wenn der bisherige Stelleninhaber Fachhochschulabsolvent war, so muß der neue Kandidat für diese Stelle doch bitte die Uni besucht haben, aber es kann auch durchaus ein promovierter Bewerber in Frage kommen . . .

Grundsätzlich ist gegen den Gedanken der Höherqualifizierung nichts einzuwenden, wenn realistische Stellenanforderungen eine entsprechende Notwendigkeit erkennen lassen. Höherqualifizierung auf Verdacht oder Vorrat ohne entsprechende Aufgabenstellung sind für das Arbeitsklima und damit den Leistungsbeitrag der jeweiligen Mitarbeiter ausschließlich von Nachteil.

Arbeitsüberforderung wird als schwerwiegendes Problem des Arbeitsalltags von allen Verantwortlichen akzeptiert, daß es aber auch Arbeitsunterforderung geben kann, wird von vielen bis heute nicht richtig zur Kenntnis genommen.

Äußert ein Mitarbeiter gewisse Zweifel, ob er richtig eingesetzt ist, so bekommt er häufig die Antwort zu hören, daß die Arbeit selbstverständlich noch viel interessanter wird, und daß ein neuer Mitarbeiter Geduld braucht, bis er voll in das Team und damit auch die verschiedenen Aufgabenstellungen integriert ist.

In den wenigsten Fällen erkennen die Vorgesetzten das tatsächliche Problem der Unterforderung und werden somit auch nicht aktiv etwas an dieser Situation verändern. Das Ergebnis ist, daß der Mitarbeiter mehr oder weniger frustriert seine Arbeit erledigt und sich entweder mit der Situation nach und nach abfindet oder nach Alternativen Ausschau hält. Beide Möglichkeiten sind für das Unternehmen nicht von Vorteil, wird doch die volle Leistungsfähigkeit des Mitarbeiters nicht genutzt, bzw. wird beim Ausscheiden des Mitarbeiters ein neuer kostspieliger Beschaffungsvorgang ausgelöst.

Der Personalbereich sollte sich deshalb bei der Festlegung der Anforderungsprofile durch die Vorgesetzten besonders gefordert fühlen. Es ist zwar klar, daß der Vorgesetzte aufgrund seiner Sachkenntnis und auch als Chef des Neuen, eine hervorgehobene Kompetenz bei den Vorstellungen für seinen Wunschkandidaten hat, trotzdem sollte sich ein modernes Personalwesen bei Problemfällen als Regulativ verstehen und nicht nur stummes ausführendes Organ sein.

Insofern ist es auch insbesondere bei Personalbeschaffungsaktivitäten notwendig, daß den betroffenen Vorgesetzten die Personal-Marketing-Konzeption eines Unternehmens bekannt ist, denn nur dann können sie die notwendigen Verhaltensweisen, z. B. Zusammenarbeit zwischen Vorgesetzten und Personalbereich im Rahmen der Personalbeschaffung, bei konkreten Maßnahmen auch tatsächlich realisieren.

Das Spektrum der Personalbeschaffung

Es gibt heute eine ganze Reihe von Möglichkeiten, Mitarbeiter für ein Unternehmen zu gewinnen. Viele Vakanzen werden durch freie Bewerbungen besetzt, insbesondere gilt dies im Bereich der Zielgruppe Hochschulabsolventen.

Aber auch in diesem Bereich wollen sich viele Unternehmen nicht mehr darauf verlassen, zufällig den richtigen Bewerber durch eine unaufgeforderte Bewerbung zu finden.

Bei den aktiven Beschaffungsmethoden hat die Stellenanzeige nach wie vor den größten Stellenwert. Zwar gelingt es den Personalberatern immer mehr, sich im Markt der Personalbeschaffung zu etablieren. Es ist jedoch einleuchtend, daß dies in erster Linie für das gehobene Management gilt und nicht so sehr für Stellenbesetzungen im tariflichen oder tarifnahen Bereich.

Die Abgrenzung der Personalberater zu der Bundesanstalt für Arbeit, die das Arbeitsvermittlungsmonopol hält, mit den Institutionen

- **örtliche Arbeitsämter**
- **regionale Fachvermittlungsdienste**
- **Zentralstelle für Arbeitsvermittlung**
- **Büro-Führungskräfte der Wirtschaft**

ist gesetzlich geregelt, hat jedoch kaum praktische Bedeutung, weil

- es der Bundesanstalt für Arbeit, trotz guter Ansätze, nicht gelungen ist, ein Vertrauensimage aufzubauen, das die Personalbeschaffer zur stärkeren Zusammenarbeit ermuntern könnte und

- der besonders kritische Aspekt der Direktansprache heute etabliert ist und für Top-Management-Positionen auch durch kein anderes Instrument, und schon gar nicht durch Aktivitäten der Bundesanstalt für Arbeit, ersetzt werden kann.

Als Entscheidungsbasis, welchem Beschaffungsinstrument man Priorität einräumt, kommen verschiedene Punkte in Betracht:

- Hat das Unternehmen die Kapazität, eigene Suchaktionen durchzuführen?

- Soll im Unternehmen frühzeitig bekannt werden, daß gesucht wird?

- Soll die Konkurrenz erfahren, daß gesucht wird?

- Ist die Einschaltung eines Beraters für das Unternehmen die höheren Kosten wert?

- Soll unter dem Namen des Unternehmens offen gesucht werden oder verdeckt?

- Wird ein Spezialist oder eine Führungskraft gesucht?

- Gibt es im Unternehmen Vorgaben zur Personalbeschaffung?

Unabhängig von der Beantwortung dieses sicher nicht vollständigen Fragenkatalogs sind zwei Trends erkennbar.

Zum einen benutzen die Unternehmen bewußt stärker als in früheren Jahren das Know-how von Personalberatern, insbesondere von denen, die Direktansprache („Headhunting") durchführen. Zum anderen hat sich die Ausstattung und Qualität der internen Personalabteilungen in jüngster Vergangenheit doch stark verbessert, so daß auch die Unternehmen professioneller Personalbeschaffung betreiben als früher.

Neben diesen direkten Beschaffungsmaßnahmen wirkt sich die Umsetzung des Personal-Marketing-Gedankens hierbei auch indirekt aus. Wenn die Beschaffungsmärkte auch ohne konkrete Vakanzen kontinuierlich erschlossen werden, so ist die Basis für echte Beschaffungsaktivitäten schon gelegt, z. B. können Kontakte zu Hochschulen und Professoren mit Vergabe von Studien- oder Diplomarbeiten im Bedarfsfall für schnelle und qualifizierte Personalbeschaffung sehr hilfreich sein.

Die Stellenanzeige

Eine Stellenanzeige ist nicht nur ein Instrument zur Personalbeschaffung, sondern auch gleichzeitig ein Teil Öffentlichkeitsarbeit des Unternehmens. Insofern ist es sicher nicht abwegig zu fordern, daß Stellenanzeigen mit der gleichen Aufmerksamkeit konzipiert werden wie Werbeanzeigen.

Es genügt dementsprechend nicht, allein auf den Inhalt zu achten, auch Text und Gestaltung müssen große Beachtung geschenkt werden.

Die Hauptschwachstellen, die in Stellenanzeigen immer wieder zu finden sind, hat Maudrich[40]) zusammengestellt:

Schwachstelle

Nr. 1: Fehlende Selbstdarstellung des Unternehmens

Nr. 2: Selbstdarstellung des Unternehmens ohne Profil

Nr. 3: Anonyme Selbstdarstellung des Unternehmens

---

[40]) MAUDRICH, E.: Identitätsorientierte Personalanzeigen (1), Eine noch ungenutzte Chance für ein wirksames Personalmarketing, in: Marketing und Kommunikation 2/85, Essen 1985, S. 91–98.

Nr. 4: Fremdgesteuerte Selbstdarstellung des Unternehmens

Nr. 5: Unternehmen verkaufen sich unter ihrem Wert

Nr. 6: Isolierte Darstellung der Position

Nr. 7: Unzureichende Aufgabenbeschreibung

Nr. 8: Text und Gestaltung: zu wenig leserorientiert und ohne echte Anmutung

Formale wie auch inhaltliche Mängel schwächen die Wirksamkeit einer Stellenanzeige deutlich ab. Besonders problematisch ist dabei, daß kaum abschätzbar ist, ob der Bewerbereingang auf eine Stellenanzeige das qualitative Marktpotential auch tatsächlich wiedergibt.

Ein vielverbreiteter Irrtum ist in diesem Zusammenhang, daß der Erfolg einer Stellenanzeige nicht selten an dem quantitativen Ergebnis gemessen wird. Große Bewerberresonanz bedeutet aber nicht automatisch, daß ein geeigneter Bewerber in jedem Fall mit dabei ist.

Die inhaltliche Komponente einer Stellenanzeige muß deswegen so ausgewählt sein, daß neben der Informationsfunktion für den potentiellen Bewerber eine Selektionsfunktion im Sinne der Stellenanforderungen auch tatsächlich ausgeübt wird.

Als grundlegende Informationsinhalte einer Stellenanzeige können nach Wunderer[41] genannt werden:

— Organisation (Unternehmen)
   Firmenname, Leistungsprogramm, Größe, Entwicklung, Standort, Perspektive, Betriebsklima

— Position
   Gründe für die Ausschreibung, Aufgabenbeschreibung und Leistungsziele, organisatorische Eingliederung und Kompetenzen, Entwicklungsmöglichkeiten, soziale Struktur und Führungsstil

---

41) WUNDERER, R.: Personalwerbung, in: Handwörterbuch des Personalwesens, Stuttgart 1975, Spalte 1689–1708.

- Anforderungen an das Bewerberpotential
  Leistungs-, Kooperations- und Führungseigenschaften, Ausbildung
  und Berufserfahrung

- Leistungsangebot
  Einkommensmöglichkeiten, Nebenleistungen, Vertragsgestaltung

- Bewerbungsmodalitäten
  Bewerbungsart (schriftlich, persönlich, telefonisch), Bewerbungs-
  weg (direkt oder indirekt über Berater), Bewerbungszeitpunkt

An die Aussagekraft von Stellenanzeigen ist eine besonders hohe
Anforderung zu stellen, sind die aufgeführten Informationen doch
meist die einzige Möglichkeit für den Bewerber zu erkennen, ob er
ein geeigneter Kandidat ist oder nicht.

Wenn, wie die Praxis zeigt, meist mehr als 70% der Bewerber schon
aufgrund der Papierform als ungeeignet bezeichnet werden müssen,
dann liegt es sicher auch daran, daß mancher Bewerber sich trotz
nicht ganz passendem Qualifikationsprofil bewirbt. Aber nicht selten
weist auch die Stellenanzeige bezüglich der Selektionskriterien keine
klare Trennschärfe zwischen passend und ungeeignet auf.

Die Einschaltung von Personalberatern

Das Dienstleistungsangebot, seien es 1-Mann-Unternehmen oder
größere Personalberatungsgesellschaften, ist heute breit gefächert.
So gibt es Spezialisten, die vorwiegend Top-Manager ohne Anzeigenschaltung suchen, branchenbezogen suchende Personalberater
oder Gesellschaften mit einem uneingeschränkten Leistungsangebot.

Die Formen der Zusammenarbeit sind vielfältig. Als einfachste Art gilt
die reine Briefkastenfunktion, bei der beim Berater eingehende Bewerbungen ungeprüft und komplett an das Unternehmen weitergege-
ben werden. Diese Alternative erscheint aber weniger sinnvoll, weil
zum einen das Unternehmen keinerlei Entlastung oder Beratung erhält
und zum anderen die Anzeigenschaltung ohne eigene Namensnen-
nung mit einem modernen Personal-Marketing kaum zu vereinbaren
ist (Stellenanzeige = Werbung für den Berater?) und in den seltensten
Fällen tatsächlich begründet ist.

Die nächst höhere Stufe der Zusammenarbeit ist die Vorselektion der schriftlichen Bewerbungen mit Weitergabe der ausschließlich passenden Unterlagen.

Die am weitesten gehende Zusammenarbeit schließt die Beratungsfunktion mit ein, das heißt, daß der Berater Kandidaten selbst auswählt und die am besten geeigneten Kandidaten im Unternehmen präsentiert. Dieser umfassende Service erscheint der sinnvollste, wenn man eine Unterstützung von Beraterseite haben möchte.

Einige Unternehmen scheuen sich immer noch, dieses umfassende Beratungsangebot zu akzeptieren, weil sie befürchten, daß nach ihrer Ansicht gute Kandidaten durch das „Beraternetz" fallen könnten. Wer diese Ansicht vertritt und nicht daran glaubt, durch gezielte Vereinbarungen mit dem Berater diese Gefahr ausschließen zu können, sollte auf eine Zusammenarbeit mit Personalberatern am besten ganz verzichten.

Vertrauen zum Geschäftspartner ist im Dienstleistungsbereich Grundlage für jede Zusammenarbeit, dies gilt um so mehr, wenn Personalentscheidungen beeinflußt werden.

Die Einschaltung von Personalberatern kann noch aus einem anderen Aspekt betrachtet werden. Viele potentielle Bewerber suchen heute vor einer Bewerbung den Kontakt zu Ansprechpartnern, um ihre Chancen realistischer einschätzen zu können. Die Personalberater, als Profis auf diesem Gebiet sind sicher besser geeignet diese Funktionen wahrzunehmen, als das suchende Unternehmen. Schon allein deswegen, weil eine Kontaktaufnahme mit einem Berater, auch außerhalb der normalen Dienstzeiten, einfacher zu realisieren ist, als mit Führungskräften des Unternehmens, die häufig nur schwer zu erreichen sind.

Für einen Bewerber ist nichts frustrierender, als zum dritten Mal zu hören „Recht schönen Dank für Ihren Anruf, aber bitte versuchen Sie es in einer Stunde bitte noch einmal . . ."

Da Bewerber tagsüber am Arbeitsplatz im Normalfall nicht angesprochen werden wollen oder können, sind auch Rückrufe schwierig. Darüber hinaus hat es sich in Unternehmen noch nicht durchgesetzt, daß außerhalb der Bürozeiten, z. B. an Wochenenden mit wirklich aussagekräftigen Ansprechpartnern Kontakt aufgenommen werden kann.

Insbesondere bei sehr qualifizierten Bewerbern, die nicht direkt einen Wechsel ins Auge fassen, kann dieser erste Kontakt das Schlüsselerlebnis sein für die Entscheidung: Bewerbe ich mich oder bewerbe ich mich nicht.

Hat sich das Unternehmen für die Zusammenarbeit mit einem Berater entschieden und soll auch eine Stellenanzeige geschaltet werden, so kann dem Unternehmen nur empfohlen werden, bei Text und Gestaltung trotzdem mitzuwirken.

Auch wenn die Stellenanzeige unter dem Namen des Beraters geschaltet wird, das eigene Personal-Werbe-Konzept des Unternehmens sollte nicht unberücksichtigt bleiben.

Auf eine Darstellung der Zusammenarbeit mit Beratern im Bereich Direktansprache soll hier verzichtet werden, weil hier sehr individuelle, auf die jeweilige Situation abgestimmte Abläufe zum Tragen kommen, die meist im Einzelfall vereinbart werden.

Anforderungsgerechte Personalauswahl

Die Verantwortung für Personalentscheidungen, und dies gilt ohne jede Einschränkung, kann nur der jeweilige Vorgesetzte übernehmen, dies trifft also auch für die Personalauswahl zu.

Da aber gerade Personalauswahl-Entscheidungen große Auswirkungen auf Arbeitsbeziehungen innerhalb einer Gruppe haben, ist die Unterstützung der Vorgesetzten durch den Personalbereich sicher sinnvoll und für das Unternehmen nützlich.

Auswahlentscheidungen, die interne oder externe Personen betreffen, unterscheiden sich nicht grundsätzlich durch das anzuwendende Instrumentarium, jedoch ganz entscheidend durch die tatsächlich ablaufenden Prozesse.

Eine interne Auswahlentscheidung ist im Prinzip einfacher zu treffen, da in Frage kommende Kandidaten im Unternehmen bekannt sind, sich bewährt haben und Leistungs- und Verhaltenskomponenten beurteilbar und mit relativ großer Sicherheit in bestimmten Grenzen auch für die Zukunft absehbar sind.

Neben diesen eher rationalen Entscheidungsgründen sind insbesondere bei internen Kandidaten emotionale Faktoren maßgebend, wenn es gilt, den richtigen Kandidaten auszuwählen.

Zwar trifft letztendlich der direkte Vorgesetzte die Wahl, er muß jedoch auch dafür sorgen, daß sein Favorit die interne Akzeptanz findet – auch bei anderen Führungskräften –, um im sozialen Gefüge des Unternehmens seine Funktion ausfüllen zu können.

In diesem Zusammenhang ist es eine altbekannte Tatsache, daß bei einem internen Kandidaten in erster Linie die Schwächen als Entscheidungsmerkmal zählen, während bei einem externen Kandidaten, der praktisch unbekannt ist, die Stärken besonders berücksichtigt werden.

Es kann aber auch durchaus vorkommen, daß ein interner Kandidat bei einer Nachfolgeentscheidung ausgewählt wird, obwohl er aus objektiver Sicht nicht der Idealkandidat ist.

Wunderer [42] gibt hierfür nachfolgende Beispiele an:

- In der Vergangenheit gegebene Laufbahnzusagen müssen eingelöst werden.

- Langfristige Förderziele einzelner Mitarbeiter haben Vorrang vor optimaler Wiederbesetzung der Position.

- Systemexterne oder -interne Machtpromotoren nehmen Einfluß auf Besetzungsentscheidungen.

- Zur Gewinnung hochspezialisierter oder anderweitig wichtiger Mitarbeiter muß die funktionale Beziehungsstruktur den Wünschen des Nachfolgers angepaßt werden.

Bei solchen Auswahlentscheidungen, die weniger sach- und aufgabenbezogen getroffen werden, ist es wichtig, daß die Entscheidungsträger sich ihres Handelns auch wirklich bewußt sind.

---

[42] WUNDERER, R.: Nachfolge, in: Handwörterbuch des Personalwesens, Stuttgart 1975, Spalte 1409–1423.

Beachtet werden muß dabei trotzdem, daß es nicht so ohne weiteres möglich ist, für solche Entscheidungen im direkten Umfeld ausreichende Akzeptanz zu erreichen.

Nicht selten können die wahren Gründe, die für die Entscheidung maßgebend waren, nicht genannt werden, so daß aushilfsweise wenig glaubhafte Argumente vorgeschoben werden müssen. Da dies die gegenseitige Vertrauensbasis wesentlich schwächen kann, sollte wenn immer möglich, auf solche Lösungen verzichtet werden.

Es sollte oberstes Gebot sein, und hiermit wird dem Personal-Marketing-Gedanken wieder entsprochen, daß das betriebliche Umfeld über eine Auswahlentscheidung angemessen informiert und aufgeklärt wird.

Instrumente der Personalauswahl

Die klassischen Instrumente der Personalauswahl sind auch heute noch unentbehrlich: die Analyse der Bewerbungsunterlagen und das persönliche Vorstellungsgespräch.

Stopp[43] hat das gesamte traditionelle Spektrum zur Personalauswahl in nebenstehender Abbildung zusammengestellt:

Analysiert man die Entwicklung der letzten Jahre, so ist festzustellen, daß intuitiv getroffene Auswahl-Entscheidungen heute eher in den Hintergrund treten und dafür umfassende Kandidatenanalysen unter besonderer Berücksichtigung der rationalen Komponenten immer stärker Anwendung finden.

Die Datenbasis wird bewußt breiter angelegt, im Sinne umfassender Informationssammlung werden heute so unterschiedliche Instrumente wie z. B. biografischer Fragebogen – als Weiterentwicklung des herkömmlichen Personalfragebogens mit stärkerer Berücksichtigung der persönlichen Entwicklung in Beruf, Einstellungen und Verhalten – oder Assessment-Center als Mosaiksteine neben den altbekannten Instrumenten bewußt nebeneinander berücksichtigt.

Zwar stellt eine umfassende Bewerberanalyse einen nicht unbeträchtlichen Einsatz an Personalkapazität und Kosten dar, doch die

---

43) STOPP, U.: Betriebliche Personalwirtschaft, Stuttgart 1984, S. 58.

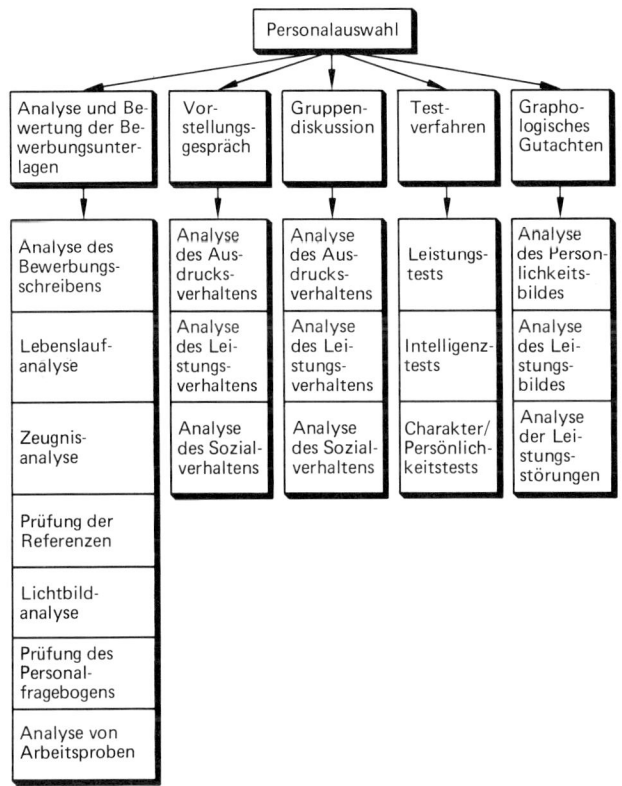

Instrumente der Personalauswahl und Prüfkriterien

Kosten für Fehlbesetzungen und die dann zu erwartenden Leistungsprobleme rechtfertigen diesen Aufwand, zumindest für höherwertige Positionen.

Trotzdem darf nicht verkannt werden und das gilt insbesondere für externe Bewerber, daß die Prognose des zukünftigen Leistungsbildes mit nicht unbeträchtlicher Unsicherheit behaftet ist.

Auswahlentscheidungen sollten deshalb nicht von äußeren Zwängen begleitet sein.

So liegt sicher der Gedanke nahe, eine seit längerer Zeit offene Position, für die dringend ein neuer Stelleninhaber gefunden werden

89

muß, und ein Bewerber, der zufällig kurzfristig zur Verfügung steht, nach Möglichkeit zusammenzubringen.

Es besteht hierbei jedoch die Gefahr, daß eine fundierte Auswahlentscheidung darüber, ob Arbeitsplatz und Bewerber tatsächlich zusammenpassen, aufgrund der anscheinend günstigen Problemlösung in den Hintergrund tritt.

Hieraus ist ersichtlich, daß der Personalbereich nicht nur eine Personalbeschaffungsfunktion für das Unternehmen zu erfüllen hat, sondern auch eine Beratungsfunktion für den Bewerber.

Ein qualifizierter Bewerber, der letztendlich auf die Stelle doch nicht paßt, aber eine persönliche Beratung erhalten hat, wird das Unternehmen immer positiv in Erinnerung behalten und sich bei entsprechender Gelegenheit gerne wieder bewerben. Diese Vorgehensweise ist eine konsequente Umsetzung des Personal-Marketing-Ansatzes und trägt durchaus zur Verbesserung des Unternehmensimages in der Öffentlichkeit bei.

Bei hohem unaufgeforderten Bewerbereingang zeigt sich immer wieder, daß Bewerbungen bevorzugt behandelt werden, die einen besonderen Aufmerksamkeitsgehalt nachweisen, sei es durch professionale Aufmachung der Unterlagen, geschickte Präsentation des Lebenslaufes usw.

Vernünftige Showeffekte zeigen also durchaus Wirkung, dokumentieren sie doch Kreativität des Bewerbers, aber, und das sollte nie vergessen werden, daß durch derartig beeinflußte Sichtweisen, solide und nüchtern, aber trotzdem qualifizierte Bewerbungen leicht durch das Auswahlnetz fallen können. Wenn möglich, sollte deshalb darauf geachtet werden, daß Bewerbungsabsagen nicht von der Entscheidung einer Person abhängig gemacht werden. Trotz vereinbarter und vermeintlich gleichermaßen angewandter Kriterienkataloge bleibt immer noch ein weiter persönlicher Spielraum, der gelegentlich durchaus kritischer Überprüfung bedarf.

Das Assessment-Center, Methode mit Zukunft?

Ende der siebziger Jahre hat das Assessment-Center (AC) auch in bundesdeutschen Unternehmen verstärkte Beachtung gefunden.

Ausgehend von den herkömmlichen Auswahlverfahren verfolgt das AC die Zielsetzung, unterschiedliche Auswahlverfahren (Interview, Test, Gruppendiskussion usw.) zu kombinieren und so die Auswahlentscheidung auf eine breitere Basis zu stellen.

Im Gegensatz zu konventionellen Auswahlverfahren wird bei dem AC aus einer Gruppe von Bewerbern bei gemeinsam durchzuführenden Übungen der für ein vorher festgelegtes Stellen-Anforderungsprofil am besten geeignete Kandidat ermittelt.

Die AC-Methode stellt hierbei ein systematisches Verfahren dar, in dem durch Praxissimulation die Leistungen mehrerer Teilnehmer von neutralen Beobachtern analysiert und beurteilt werden.

Die Praxissimulation kann sich z. B. aus folgenden Einzelinstrumenten zusammensetzen:

- Postkorbübungen
- Fälle/Fallstudien
- Präsentationen
- Gruppendiskussionen geführt oder ungeführt mit oder ohne Rollenvorgabe
- Managementspiele

Ergänzend werden eingesetzt

- Tests
- Interviews
- Selbst- und Fremdeinschätzungen[44]

Charakteristisch für ein AC sind folgende Punkte:

● detaillierte Festlegung der Anforderungskriterien vor der Veranstaltung

● spezielle Schulung der AC-Leiter, meist mit externer Unterstützung

---

[44] BÜRSTNER, H./FRÖHLICH, W.: Assessment-Center in der Praxis – wirksames Instrument der Personalarbeit? in: Personalwirtschaft 1/84, Frankfurt 1984, S. 13 – 18.

- Durchführung vieler unterschiedlicher Übungen

- Beobachter aus unterschiedlichen Fachbereichen

- Beobachtbarkeit der einzelnen Anforderungskriterien in mehreren Übungen.

- die Beobachter erhalten Teilnehmer zugeteilt, die sie schwerpunktmäßig zu betreuen haben

- wechselnde Zuordnung Beobachter – Teilnehmer

- auch ablaufmäßig klare Trennung zwischen Beobachtung und Beurteilung

- kein Austausch der Beobachtungsdaten zwischen den Beobachtern während der AC-Veranstaltung

- keine Beurteilung vor der Abschlußkonferenz der Beobachter

Die organisatorische Leitung des AC's übernehmen 1 bis 2 externe Moderatoren oder Führungskräfte aus dem Personalbereich, die auch den Ablauf des AC's steuern, aber jedoch nicht in den Beratungs- und Beurteilungsprozeß der Beobachter eingreifen.

Nach Beendigung der AC-Übungen findet eine Beobachterkonferenz statt, in der das Verhalten der Teilnehmer in den einzelnen Übungen besprochen wird. Daran schließt sich die Bewertung der Teilnehmer und die Gestaltung eines Abschlußgutachtens über jeden Teilnehmer an.

Die letzte Phase der AC-Veranstaltung bildet ein Feedback-Gespräch zwischen jeweils einem Teilnehmer und einem oder mehreren Beobachtern, bei dem in den meisten Fällen auch schon die Auswahlentscheidung bekanntgegeben und erläutert wird.

Trotz nicht unbeträchtlicher Kosten stellt das AC sicherlich eine gute Möglichkeit dar, die Auswahlentscheidung auf eine breitere Basis zu stellen.

Bei internen AC's kann sich jedoch das Problem ergeben, daß es nur einen „Gewinner" gibt und die übrigen Teilnehmer unter ungünstigen Umständen „ihr Gesicht verlieren", wenn im Unternehmen bekannt wird, daß sie im AC nicht erfolgreich waren.

Bei AC's mit externen Kandidaten besteht die Schwierigkeit, daß die Kandidaten, die sich normalerweise nicht kennen, wahrscheinlich auch in ungekündigtem Arbeitsverhältnis stehen (Ausnahme Hochschulabsolventen), nicht allzu gerne bereit sind, diese umfangreiche Prozedur über sich ergehen zu lassen, zumal die Diskretion durch die teilnehmende Gruppe doch eingeschränkt wird.

In jedem Fall muß deshalb darauf geachtet werden, daß die Einführung in das AC und das abschließende Feedback-Gespräch eine vertrauensvolle Atmosphäre vermitteln und dem Teilnehmer am Ende tatsächlich Rückschlüsse auf das eigene Verhalten ermöglichen. Eine so verstandene Beratung wird darum auch bei nicht erfolgreichem Abschneiden im Sinne einer positiven Auswahlentscheidung dem Teilnehmer eine wertvolle Hilfestellung für die weitere berufliche Entwicklung sein.

Für Positionen im Führungsnachwuchs-Bereich ist es durchaus vorstellbar, daß sich das AC weiter ausbreiten wird. Voraussetzung ist hierzu aber, daß es jeweils anforderungsgerecht konzipiert wird und die Teilnehmer uneingeschränkte Fairneß und Diskretion erwarten können.

Aufgrund des hohen Aufwandes erscheint es jedoch eher unwahrscheinlich, daß sich das AC gegenüber „normalen" Auswahlentscheidungen im großen Stil durchsetzen wird.

Das Vorstellungsgespräch und seine Auswirkungen

Das am häufigsten eingesetzte Auswahlinstrument im Rahmen der Personalbeschaffung ist und bleibt das Vorstellungsgespräch. Es bietet die Möglichkeit, Bewerber persönlich kennenzulernen und gibt den Entscheidern unabhängig von der Beurteilung der Bewerbungsunterlagen Gelegenheit, Einstellungen und Verhalten der Kandidaten für einen begrenzten Zeitraum mitzuerleben.

Weitere Zielsetzung ist es, dem Bewerber Informationen über das Unternehmen zu geben und konkrete Einsatzmöglichkeiten aufzuzeigen.

Im günstigsten Fall stellt sich am Ende des Vorstellungsgespräches heraus, daß offerierter Arbeitsplatz und Bewerber zusammenpassen und eine Einigung über die Vertragsbedingungen zustande kommt, also das Unternehmen ein konkretes Vertragsangebot unterbreitet.

Die Entscheidung, welcher Kandidat ausgewählt wird, trifft in alleiniger Verantwortung der betriebliche Vorgesetzte, der auch wesentliche Teile des Vorstellungsgesprächs ausfüllt.

Nach den Vorstellungsgesprächen kommt es immer wieder vor, daß Vorgesetzte versuchen, die Auswahlentscheidung auf das Personalwesen abzuwälzen, weil sie selbst entscheidungsschwach sind.

Hier hat das Personalwesen die Aufgabe steuernd einzugreifen, was jedoch nicht einfach ist, wenn der Vorgesetzte aus dem Vorstellungsgespräch andere Eindrücke gewonnen hat als das Personalwesen.

Entscheidungsschwäche von Vorgesetzten kann sich auch dadurch ausdrücken, daß kein Bewerber akzeptiert wird, in der Hoffnung, immer noch einen besseren Kandidaten zu finden. Das Vorstellungsgespräch, das der Vorgesetzte führt, kann dann dazu benutzt werden, bewußt oder unbewußt – zu beweisen, daß der jeweilige Kandidat nicht der Richtige ist.

Um auch die Reaktionen der Bewerber näher kennenzulernen, kann es sich als sehr nützlich erweisen, wenn z. B. Selbstabsagen von Bewerbern nicht nur mit Enttäuschung zur Kenntnis genommen werden, sondern eine systematische Ursachenforschung betrieben wird. Dies ermöglicht auch Aussagen über eventuelle Fehler von Unternehmensseite bei der Bewerbungsabwicklung oder im Vorstellungsgespräch.

Als Hauptschwachstellen des Vorstellungsgesprächs können angesehen werden mangelnde Vorbereitung der Gesprächspartner auf Unternehmensseite sowie die weitgehende Beschränkung des Gesprächs auf Monologe von den Unternehmensvertretern.

Der erste Aspekt sorgt bei den Bewerbern nicht selten für Verstimmung, wenn sich recht schnell herausstellt, daß liebevoll und mit viel Mühe zusammengestellte Bewerbungsunterlagen beim Erscheinen des Bewerbers zum ersten Mal einigermaßen gründlich durchgelesen werden. Und wie heißt es meist so schön in den Anzeigen: Bitte senden Sie uns Ihre aussagekräftigen Bewerbungsunterlagen . . .

94

Während der erste Aspekt nur ärgerlich und nicht unbedingt folgenschwer ist, kann der zweite Aspekt fatale Folgen haben, wenn u. U. der falsche Bewerber eingestellt wird.

Kommt es im Vorstellungsgespräch nicht zum notwendigen Dialog zwischen dem Bewerber und den Entscheidern auf Unternehmensseite, so ist für beide Gesprächspartner keine fundierte Auswahlentscheidung möglich, die Wahrscheinlichkeit von Fehlbesetzungen nimmt somit unweigerlich zu.

Motivationsorientierte Personalpflege

In den Unternehmen wird zunehmend die wichtige Rolle der Mitarbeiter bei der Sicherung der Unternehmenszukunft erkannt. Dementsprechend entwickelt sich die Personalarbeit immer stärker von der Personalverwaltung hin zur Personalbetreuung.

Die Einbeziehung von Mitarbeiterwünschen und -bedürfnissen in den Arbeitsalltag hat sich von einem „unter ferner liefen" Thema zu einer unternehmensbezogenen Selbstverständlichkeit entwickelt.

Der Personal-Marketing-Gedanke mit der grundlegenden Zielsetzung internes Mitarbeiterpotential zu erhalten und zu fördern, kommt auch hier verstärkt zum Tragen.

Es ist wichtiger denn je, gewisse Rahmenbedingungen zu schaffen, um den Mitarbeitern das Gefühl zu geben, im Unternehmen eine berufliche Zukunft und persönliche Perspektiven finden zu können.

Frustration und Resignation von qualifizierten Mitarbeitern, die im Extremfall zu einem Unternehmenswechsel führen, können bei der Anwendung mitarbeiterorientierter Maßnahmen wesentlich eingeschränkt und häufig in eine leistungsfördernde Arbeitsatmosphäre umgewandelt werden.

Nachfolgend wird eine Unterteilung in qualitative und quantitative Aspekte der motivationsorientierten Personalpflege vorgenommen, da in der Wirkung doch wesentliche Unterschiede bestehen zwischen funktions- und aufstiegsorientierten Einflüssen und Rahmenbedingungen außerhalb der direkten Arbeitssituation, die auch häufig unter dem Begriff Personalzusatzleistungen zusammengefaßt werden.

Qualitative Aspekte

Einführung neuer Mitarbeiter

Personal-Marketing hört nicht dann auf, wenn ein Mitarbeiter seinen Arbeitsvertrag unterschrieben hat. Neue Mitarbeiter bedürfen besonderer Aufmerksamkeit, damit eine möglichst reibungslose Integration in das Unternehmen gelingt.

Der erste Arbeitstag bei einem neuen Arbeitgeber ist in dieser Hinsicht ein Schlüsselerlebnis, das sich stark im Gedächtnis einprägt.

Auch Mitarbeiter mit langjähriger Betriebszugehörigkeit können sich auf Befragen fast immer an ihren ersten Arbeitstag erinnern, während die nachfolgende Zeit höchstens verschwommen zum Vorschein kommt. Dies bedeutet, daß insbesondere die Aufnahme in das Unternehmen am ersten Arbeitstag besonders gut geplant werden muß.

Negativ-Beispiele, wie

— ein überraschtes Vorgesetztengesicht darüber, daß „plötzlich" ein neuer Mitarbeiter vor der Tür steht
— fehlende Büromöbel, Arbeitsmittel, Türschlüssel usw.
— ein Vorgesetzter, der durch Abwesenheit glänzt
— das „Einlesen" in die Materie am ersten Tag, weil dem Vorgesetzten aus lauter Verzweiflung nichts Besseres einfällt

sollen zwar immer noch vorkommen, es ist jedoch unverkennbar, daß Personalwesen und Vorgesetzte sich heute wesentlich stärker um neue Mitarbeiter bemühen als in der Vergangenheit.

Bei größeren Unternehmen ist die Tendenz erkennbar, die Mitarbeiter erst am zweiten Arbeitstag mit dem Vorgesetzten und der Arbeit zusammenzubringen und den ersten Tag für ein Einführungsseminar zu nutzen, an dem alle neuen Mitarbeiter eines Einstelltermins teilnehmen. Dies ist sicher eine gute Möglichkeit, schon zu Beginn der neuen Tätigkeit eine positive Atmosphäre zu schaffen und den Mitarbeitern zu zeigen, daß sie von Anfang an eine echte Betreuung erhalten.

Der Programmablauf derartiger Einführungsseminare ist im Prinzip überall ähnlich und orientiert sich an sachbezogener Information ebenso wie an emotionalen Gesichtspunkten zur frühen Identifikation mit dem Unternehmen.

Ein Einführungsseminar für neue Mitarbeiter könnte beispielsweise so aussehen:

8.00 – 8.15 h	Begrüßung durch das Personalwesen
8.15 – 9.00 h	Vorstellungsrunde der neuen Mitarbeiter
9.00 – 9.30 h	Information über das Unternehmen
9.30 – 10.00 h	Kaffee-Pause
10.00 – 10.30 h	Abwicklung Verwaltungsangelegenheiten
10.30 – 10.45 h	Einführung Werksbesichtigung
10.45 – 12.30 h	Werksbesichtigung
12.30 – 13.30 h	Gemeinsames Mittagessen
13.30 – 14.00 h	Das Personalwesen stellt sich vor
14.00 – 14.30 h	Information über Sozialleistungen
14.30 – 15.00 h	Information durch den Betriebsrat
15.00 – 15.30 h	Kaffee-Pause
15.30 – 16.30 h	Abschlußdiskussion

Eine Einführungsveranstaltung wird in ihrer Wirkung noch verstärkt, wenn sich in regelmäßigen Abständen Feedback-Aktionen anschließen. So könnten sich die neuen Mitarbeiter z. B. im ersten Jahr nach Eintritt alle drei Monate treffen, im zweiten Jahr jedes halbe Jahr und danach einmal jährlich.

In der Praxis hat sich herausgestellt, daß die neuen Mitarbeiter, die gemeinsam an einer Einführungsveranstaltung teilnehmen, ein besonderes Verhältnis zueinander entwickeln, nicht nur im beruflichen Bereich, sondern auch auf privater Ebene mit freundschaftlichen Beziehungen.

Nicht zu unterschätzen ist hierbei auch die Tatsache, daß durch diese bewußt gepflegten Kontakte auch die Zusammenarbeit über die Grenzen vor Organisationseinheiten hinweg verbessert wird, ein Effekt der die Leistungsfähigkeit innerhalb des Unternehmens positiv beeinflußt.

Die größten Bemühungen für ein effektives Einführungsseminar sind jedoch weitgehend wertlos, wenn es auf der Arbeitsebene kein organisiertes Einarbeitungsprogramm gibt.

Hier ist der Vorgesetzte in der Pflicht und sollte darauf achten, daß der neue Mitarbeiter in der Anfangsphase nicht zu sehr auf sich allein gestellt ist.

Als elementarer Grundsatz kann gelten, daß der erste echte Arbeitstag eine gemeinsame Angelegenheit des Vorgesetzten und des neuen Mitarbeiters ist. Einführung in das Arbeitsgebiet, Zusatzinformationen, Bekanntmachen mit den neuen Kollegen, es dürfte bei etwas Phantasie keine Mühe bereiten, den ersten Arbeitstag ohne Leerlauf zu gestalten.

Eine Investition, die sich ohne Zweifel „auszahlt", wenn sich der neue Mitarbeiter in seiner neuen Arbeitsumgebung von Anfang an wohl fühlt.

Betreuung der Nachwuchskräfte

Als Nachwuchskräfte können junge Mitarbeiter bezeichnet werden, die am Anfang ihrer beruflichen Laufbahn stehen und dabei sind, sich in den ersten Berufsjahren zu bewähren.

Das Unternehmen muß versuchen, unter diesen Mitarbeitern diejenigen herauszufinden, die für spezifische Anforderungen bzw. höherwertigere Aufgabenstellungen das geeignete Potential erkennen lassen.

Konsequenterweise müßte das bedeuten, daß die in Frage kommenden Mitarbeiter nicht erst dann auf ihre Aufstiegstauglichkeit „überprüft" werden, wenn aktuell eine freie Stelle zu besetzen ist, sondern schon im Rahmen ihrer täglichen Arbeit durch kontinuierliche Beurteilung von Leistung und Verhalten.

Das Personalwesen ist neben dem Vorgesetzten in dieser Funktion besonders gefordert, da es, praktisch als neutrale Instanz, die Chance hat, die Entwicklung der Nachwuchskräfte systematisch zu verfolgen. Das ist deshalb so wichtig, weil Vorgesetzte, nicht zuletzt aus Eigennutz für ihre Organisationseinheit, nicht immer den übergeordneten Aspekt der Nachwuchsförderung angemessen berücksichtigen.

Für den Mitarbeiter ist diese erste Berufsphase ein wichtiger Abschnitt im Leben, kann er doch durch die praktische Arbeit erkennen, wo seine Stärken und Schwächen liegen und welche berufliche Laufbahn er langfristig einschlagen möchte.

Eine Hilfestellung durch das Personalwesen, z. B. in Form von regelmäßigen Gesprächsrunden, bei dieser „Selbstfindung" erhöht die Identifikation des Mitarbeiters für das Unternehmen, da er sich wirkungsvoll betreut fühlt. Auf der anderen Seite hat das Personalwesen Gelegenheit, den Mitarbeiter besser kennenzulernen.

In diesem Zusammenhang erscheint es schon wesentlich, darauf zu achten, welche besonderen Fähigkeiten den Mitarbeiter auszeichnen, seien es nun fachliche oder überfachliche Qualitäten.

Welche unterschiedlichen Arbeitstypen es gibt, die alle bei entsprechenden Aufgabenstellungen für das Unternehmen notwendig und von großem Nutzen sein können, ist in dem nachfolgenden Schema von Wiese[45] dargestellt, der den Schwerpunkt auf die Unterscheidung von Risikoprofilen legt.

Arbeitstypen und ihre Stärken und Schwächen

Risikoprofil	Beitrag	Schwächen
Wiederholer von anderen gesteuert und nicht kreativ	Geeignet für Routinearbeiten	Bleibt häufig stecken
Herausforderer Risikobereitschaft ist hoch und hat eigene kreative Ideen	Ist bereit, des Wandels wegen zu irritieren	Könnte destruktiv werden
Modifizierer etwas risikobereit und etwas kreativ	Geeignet für Tätigkeiten mit geringen Ableitungen	Findet nie eine brillante Idee

---

45) WIESE, G. G.: Kreatives Technologie-Management: Wie man Innovationen entwickelt und im Markt durchsetzt, Landsberg 1985.

Risikoprofil	Beitrag	Schwächen
Planer von anderen gesteuert und gering kreativ	Ist hilfreich bei der Analyse kreativer Ideen	Kann Ideen nicht sehr gut implementieren
Praktiker risikobereit und kreativ	Ist tätigkeitsorientiert und baut das Geschäft auf	Setzt selten alles auf eine Karte
Synthetiker etwas risikobereit	Kreativ und lenkbar	Riskiert selten etwas bis zum großen Durchbruch
Träumer sehr kreativ, aber er riskiert nichts	Nutzt sehr wenig, es sei denn, er wird mit anderen gekoppelt	Ist nicht genug zielorientiert
Innovator sehr kreativ und geht ein großes Risiko ein	Verantwortlich für die Hauptentwicklungen und Erfolge der Industrie	Zielorientiert, kann sehr ungeduldig sein, wenn die Industrie ihn zu sehr einengt

Wichtig ist bei diesen Überlegungen ganz besonders, daß dem Mitarbeiter klar wird, was für ihn auf Dauer die beste berufliche Entwicklung darstellt.

Aufstieg und Karriere anzustreben, gehört heute zwar schon fast zum guten Ton, aber auch der Begriff „Job Satisfaction" prägt zunehmend die Tendenz zur beruflichen Entwicklung.

Bewußte Gestaltung der beruflichen Zukunft, mit allen Chancen und Risiken, unter Berücksichtigung des eigenen Qualifikationsprofils, erscheint für den Mitarbeiter und das Unternehmen letztendlich der bessere Weg.

Das Personalwesen kann und sollte dazu beitragen, durch frühzeitige und kontinuierliche Betreuung der Nachwuchskräfte entsprechende Bewußtseinsprozesse einzuleiten, und davon ausgehend, persönliche und berufliche Entwicklungsschritte zu fördern.

Mitarbeiterbetreuung und Maßnahmen der Personalentwicklung

Jeder Mitarbeiter möchte in seinem Arbeitsumfeld gerecht behandelt werden. Ein wesentliches Merkmal einer daraus mitgeprägten Arbeitszufriedenheit ist systematische Mitarbeiterbeurteilung.

Hierunter ist jedoch nicht eine alle Jahre wiederkehrende bürokratische Prozedur zu verstehen, bei der sich der Vorgesetzte in sein stilles Kämmerlein zurückzieht und versucht, die zu vergebenden Punkte so auf die Mitarbeiter aufzuteilen, daß er größtmögliches wohlwollendes Feedback erhält. Der Berücksichtigung realer Leistungskriterien kommt bei einem solchen Verfahren logischer Weise eine zu vernachlässigende Bedeutung zu.

Dabei ist gerade das Gegenteil gefordert, nämlich eine ständige gemeinsame Diskussion zwischen dem zu beurteilenden Mitarbeiter und seinem Vorgesetzten. Nur wenn der Vorgesetzte kontinuierlich über das Jahr verteilt über die erbrachten Leistungsbeiträge mit seinem Mitarbeiter redet, kann er sich am Ende des Jahres eine ausgewogene Meinung über das Leistungsbild des Mitarbeiters machen.

Bei heutigen Mitarbeiterbeurteilungssystemen ist darüber hinaus noch der Zusatzeffekt feststellbar, daß in praktisch allen Fällen die verteilten Leistungsbeurteilungspunkte – wenn es ein solches System gibt – ständig ansteigen oder zumindest gleich bleiben, eine Reduzierung also nur in wenigen absolut unvermeidbaren Ausnahmefällen stattfindet. Und hierbei spielen dann häufig emotionale Gesichtspunkte wie Antipathie und Konfliktpotential zwischen Mitarbeiter und Vorgesetztem eine größere Rolle als eine Beurteilung des Leistungsbildes.

Dies bedeutet, daß eine leistungsorientierte Mitarbeiterbeurteilung, trotz verschiedentlich brauchbarer Systeme, eher die Ausnahme darstellt.

Des weiteren stellt sich die Frage, ob sich ein Leistungsbeurteilungssystem ausschließlich auf die den Anforderungen entsprechende Leistung beziehen sollte, oder ob auch das Leistungspotential des zu beurteilenden Mitarbeiters mit einbezogen werden sollte.

Ein Beispiel soll diese Fragestellung verdeutlichen:

Ein Mitarbeiter, hochqualifiziert und durch seine Arbeit zwar zeitlich ausgelastet, aber von der Aufgabenschwierigkeit her kaum gefordert, erledigt seine Aufgaben ohne jeglichen Ansatz einer möglichen Kritik und erhält dafür tendenziell eine hohe Punktzahl.

Ein anderer Mitarbeiter mit weniger qualifizierter Ausbildung ist im Laufe der Zeit mit seinen Aufgaben gewachsen, ist jetzt jedoch am äußersten Punkt seines Leistungspotentials angelangt, zeitlich stark ausgelastet und von den Aufgaben fast überfordert und zeigt in seinem Leistungsbild dementsprechend nicht nur positive Aspekte. Ergebnis: tendenziell eine geringere Punktzahl.

Bei einer einmaligen jährlichen Beurteilung gehen diese stichhaltigen Gründe der Leistungssituation leicht unter, so daß die Beurteilungen von den Mitarbeitern her gesehen eher als sich wiederholende lästige Pflichtübung gelten und nicht so sehr als eine Möglichkeit, mit dem Vorgesetzten auch tatsächlich über u. U. tiefgründigere Punkte des Leistungsverhaltens ins Gespräch zu kommen.

Das beste System hat somit wenig Chancen sinnvoll angewendet zu werden, wenn der entsprechende Vorgesetzte nicht die innere Einstellung zu diesem Instrument mitbringt.

Die Kriterien der Mitarbeiterbeurteilung lassen sich grob in zwei Gruppen unterteilen, die stärker leistungs-/ergebnisorientierten Faktoren und die zwischenmenschlichen Faktoren. Bei stetig wachsender Teamarbeit und Projekttätigkeiten erhalten die zwischenmenschlichen Faktoren eine wesentlich stärkere Gewichtung als in der Vergangenheit. Teilweise wird dieser Entwicklung bei neu zu konzipierenden Mitarbeiterbeurteilungssystemen schon Rechnung getragen.

Eine Checkliste von Anforderungs- bzw. Beurteilungskriterien hat Rosner[46] zusammengestellt.

---

46) ROSNER, L.: Persönlichkeitsanalyse und Beurteilung von Bewerbern und Mitarbeitern, Landsberg 1985, S. 107.

Was benötigt der Mitarbeiter mehr?

Kontaktfreudigkeit	☐☐☐☐☐	Abgeschlossenheit
praktisches Denkvermögen	☐☐☐☐☐	analytisches Denkvermögen
Lernbereitschaft	☐☐☐☐☐	keine Lernbereitschaft
planerische Fähigkeiten	☐☐☐☐☐	keine planerische Fähigkeit
Verhandlungsgeschick	☐☐☐☐☐	kein Verhandlungsgeschick
Entscheidungsfähigkeit	☐☐☐☐☐	keine Entscheidungsfähigkeit
Selbständigkeit	☐☐☐☐☐	geringe Selbständigkeit
Belastbarkeit (emotionale Stabilität)	☐☐☐☐☐	geringe Belastbarkeit
aktives Kontaktstreben	☐☐☐☐☐	Kontaktbereitschaft
Dominanz (Durchsetzungsvermögen)	☐☐☐☐☐	Unterordnung
allgemeine Verläßlichkeit	☐☐☐☐☐	spezielle Verläßlichkeit
Eigenwilligkeit und Kreativität	☐☐☐☐☐	Normentreue
Feingefühl	☐☐☐☐☐	nüchterne Gefühllosigkeit
Pragmatismus	☐☐☐☐☐	Prinzipientreue
Vertrauen	☐☐☐☐☐	Mißtrauen
Mut	☐☐☐☐☐	Vorsicht oder Ängstlichkeit
Selbstgenügsamkeit (Aufsichgestelltsein)	☐☐☐☐☐	auf Menschen ausgerichtet (Extravertiertheit)
hohe Selbstdisziplin und Willenskontrolle	☐☐☐☐☐	geringe Selbstdisziplin bzw. Willenskontrolle
hohe nervöse bzw. Triebspannung	☐☐☐☐☐	niedrige nervöse bzw. Triebspannung (Phlegma)

Anforderungs-Beurteilungs-Schema

Die Durchführung einer Beurteilung, z. B. anhand dieser Checkliste, könnte mehrstufig erfolgen:

Stufe 1: Der Vorgesetzte legt aus seiner Sicht das Anforderungsprofil des Arbeitsplatzes fest

Stufe 2: Der Vorgesetzte trägt das Ist-Profil des Mitarbeiters ein

Stufe 3: Der Mitarbeiter legt aus seiner Sicht das Anforderungsprofil des Arbeitsplatzes fest

Stufe 4: Der Mitarbeiter beurteilt selbst sein gezeigtes Ist-Verhalten

Wichtiger als eine punktmäßige Bewertung mit einem eventuell zu errechnenden Gesamtpunktwert ist das Gespräch zwischen dem zu beurteilenden Mitarbeiter und seinem Vorgesetzten über möglicherweise unterschiedliche Bewertungen.

Hierbei zeigt sich, ob der Vorgesetzte wirklich bereit ist, den Mitarbeiter in seine Führungsfunktion zu integrieren oder dem widersprechend seine von der Organisation verliehene Autorität entscheidend in den Vordergrund stellt.

Die Einbeziehung der Mitarbeiter in die Gedankengänge des Vorgesetzten bei der Mitarbeiterbeurteilung ist schon ein wesentlicher Ansatz einer mitarbeiterorientierten Personalentwicklung.

Personalentwicklung darf aber nicht nur bedeuten – und dies sei sehr deutlich gesagt – die guten Mitarbeiter zu den besten zu machen, und die übrigen Mitarbeiter einfach zu vergessen.

Personalentwicklung nur aus Sicht einer Karrierelaufbahn zu praktizieren, ist sicher der falsche Weg, denn das meiste ungenutzte Mitarbeiterpotential ist in der großen Masse der Mitarbeiter zu suchen, die sich aufgrund eines wenig günstigen Umfeldes in der Vergangenheit, trotz solider Leistungen, nicht in den Vordergrund bringen konnten.

Dieses Argument kann noch dadurch untermauert werden, daß es bei Vorgesetztenwechsel und trotz identischer Aufgabenstellung immer wieder vorkommt, daß Mitarbeiter, die beim alten Vorgesetzten nicht besonders positiv beurteilt wurden, plötzlich einen kometenhaften Aufstieg zu verzeichnen haben und umgekehrt.

Aus diesen Gesichtspunkten erscheint die Schlußfolgerung zulässig, daß die Mitarbeiterpotentiale heute weitgehend noch nicht ausgeschöpft sind und es häufig nur am Mut eines Vorgesetzten liegt, einem Mitarbeiter eine Chance zu geben.

Eine Leistungsverweigerungsgesellschaft haben wir mit Sicherheit nicht, aber es ist auch nicht verwunderlich, daß so mancher Mitarbeiter, bedingt durch die Behandlung durch das Umfeld, die Leistung in bestimmtem Maße verweigert.

Systematische und durch die innere Einstellung des Vorgesetzten getragene Mitarbeiterbeurteilung und Personalentwicklung ist eine gute Voraussetzung, das Leistungsbild des Mitarbeiters zu verbessern und die Arbeitszufriedenheit zu erhöhen.

Dies kann dann ein positives Beispiel für tatsächlich praktiziertes Personal-Marketing sein.

Quantitative Aspekte

Vertragsgestaltung

Die Vertragsverhandlung und -gestaltung vollzieht sich für einen potentiellen neuen Mitarbeiter zunächst praktisch ohne das notwendige Hintergrundwissen. Der neue Mitarbeiter hat weder Informationen über die „Spielregeln" im Unternehmen, noch hat er Vergleichsmöglichkeiten zu anderen potentiellen Kandidaten.

Faire Behandlung der zukünftigen Mitarbeiter erscheint zwar selbstverständlich, ein Beispiel mag aber verdeutlichen, welche Stilblüten Vertragsverhandlungen treiben können:

Ein Bewerber, der sich von seinem bisherigen Arbeitgeber bereits getrennt hat, hat eine Einkommensvorstellung in Höhe seines bisherigen Verdienstes. Der verantwortliche Ansprechpartner des Personalwesens argumentiert, daß diese Vorstellungen kaum zu realisieren seien und gewisse Abschläge schon notwendig wären, damit das Unternehmen letztendlich ein Vertragsangebot unterbreiten könne. Der Bewerber, in schlechter Verhandlungsposition, weil ohne Arbeit, akzeptiert und ist froh über die gefundene gemeinsame Lösung.

Nach einigen Wochen erfährt unser Bewerber jedoch, daß in gleicher Situation ein anderer Kandidat über 10% mehr realisieren konnte.

In einer solchen Situation ist es fraglich, ob das Feilschen um ein paar Mark von Personalseite nicht mehr schadet, als man zunächst annimmt.

Manch einer mag anführen, daß derjenige, der sich schlecht verkauft, selbst daran schuld ist. Dies kann durchaus zutreffend sein, ändert jedoch nichts an der Verstimmung des Mitarbeiters, wenn er sich schlecht behandelt fühlt.

Hier sollte sich das Personalwesen aber nicht die Blöße geben oder gar in Verdacht geraten, bewußt Ungeschicklichkeit oder Unwissenheit eines Bewerbers ausgenutzt zu haben.

Ziel sollte vielmehr sein, daß der Mitarbeiter auch nach längerer Zeit sagen kann: Ich bin ordentlich behandelt worden. Dies ist für das Unternehmen auf Dauer sicher wertvoller, als einige eingesparte Mark Gehalt.

Ein weiterer wichtiger Punkt ist, daß sämtliche Vereinbarungen des Vertrages auch tatsächlich eingehalten werden. So wird nicht selten versucht, im Vertrag Hintertüren offenzulassen, um im Fall der Fälle auch rechtlich abgesichert zu sein.

Wenn einem Mitarbeiter feste Zusagen gemacht werden mit der Formulierung „nach Einarbeitung und Vorliegen der organisatorischen Voraussetzungen", kann diese Absichtserklärung nach Bewährung des Kandidaten nicht deshalb fallengelassen werden, nur weil die Einschränkung „organisatorische Voraussetzungen" nicht zutreffe. Der Mitarbeiter hat diese Zusage bei seiner Entscheidung, den Vertrag zu unterschreiben, mit einbezogen. Wer sie nicht einhält, wird bei diesem Mitarbeiter wohl kaum noch auf wohlwollendes Vertrauen hoffen können, auch wenn er formaljuristisch durchaus im Recht ist.

Zusammenfassend kann auch hier festgestellt werden, daß im Sinne einer fortschrittlichen Personal-Marketing-Konzeption auch vordergründige verwaltungstechnische Notwendigkeiten im Sinne der Mitarbeiter ausgelegt werden sollen. Auch bei der Vertragsgestaltung hat der Mitarbeiter auf eine faire Lösung Anspruch, auch wenn er selbst dies in dieser Situation gar nicht exakt beurteilen kann.

Leistungsgerechte Vergütung

Auch wenn sich der Schwerpunkt der Personalarbeit immer stärker in Richtung Gestaltung der arbeitsplatzbezogenen Rahmenbedingungen verschiebt, darf die Funktion der Vergütung nicht unterschätzt werden.

Faßt man nach Herzberg das Einkommen als Hygienefaktor auf, also als notwendige Voraussetzung, um durch andere Faktoren Motivation überhaupt erst entstehen zu lassen, wird deutlich, daß auch die systematische Steuerung des Einkommens einen wesentlichen Bestandteil moderner Personalarbeit darstellt.

Zwei Aspekte sind hierbei besonders zu beachten. Als Entscheidungskriterien für den Grad der Zufriedenheit der Mitarbeiter bezüglich ihrer Einkommenssituation können gelten:

– die absolute Einkommenshöhe
– die relativen Einkommenswerte im Vergleich zu anderen Mitarbeitern oder anderen Positionen

Auch heute noch ist häufig festzustellen, daß auf Transparenz im Gehaltsgefüge wenig Wert gelegt wird. Die traditionellen Vorstellungen, daß das Einkommen eine rein individuelle Angelegenheit bedeutet und vertraulich zu behandeln ist, sind noch nicht vollständig überwunden.

Dabei gibt es keinen schlüssigen Grund, bei einem ausgewogenen systematischen Einkommensgefüge nicht jedem Mitarbeiter aufzuzeigen, wo er tendenziell in der Vergütungsskala steht.

So sollte den Mitarbeitern zumindest bekannt sein, wie viele Gehaltsgruppen es gibt, in welcher Gehaltsgruppe der Mitarbeiter eingestuft ist und ob er sich im oberen, mittleren oder unteren Drittel seiner Gehaltsgruppe bewegt.

Zweifelsohne ist Transparenz aber auch mit regelmäßigen, nicht immer einfachen Dialogen zwischen dem Vorgesetzten und seinen Mitarbeitern verbunden, denn zumindest bei Gehaltsveränderungen werden die Mitarbeiter wissen wollen, warum sie gerade diesen und keinen anderen Erhöhungsbetrag erhalten haben.

Der Vorgesetzte kann also durchaus in Argumentationsnöte geraten, wenn die Vergütungssituation nicht rational begründbar ist. Aber gerade die Rückkopplung zu den Mitarbeitern soll auf den Vorgesetzten regulierend wirken und ihn dazu bringen, auch der Einkommenssituation seiner Mitarbeiter größere Beachtung zu schenken.

In der Praxis ist immer wieder feststellbar, daß einzelne Vorgesetzte versuchen, sich dieser Verantwortung zu entziehen und nicht bereit sind, z. B. Gehaltsveränderungen nach Leistung zu differenzieren. Es stellt in diesem Zusammenhang keine große Ausnahme dar, wenn Vorgesetzte vorschlagen, allen Mitarbeitern die gleichen Beträge zukommen zu lassen.

Dabei ist dies sicher der schlechteste Weg, denn „Jedem das Gleiche" ist mit hoher Wahrscheinlichkeit für kaum einen Mitarbeiter eine akzeptable Anerkennung seiner Leistung. Im Sinne eines Personal-Marketing-Ansatzes sind solche Verhaltensweisen unmöglich, hier muß das Personalwesen steuernd eingreifen, um dem Vorgesetzten klarzumachen, wie wenig leistungsfördernd diese Aktionen sind.

Ein weiterer kritischer Punkt ist die Frage nach sinnvollen leistungs- bzw. stellenbezogenen Einkommenssteigerungen, unabhängig von Tariferhöhungen, wie sie zumindest in Großunternehmen heute allgemein praktiziert werden. Es hat sich aus der Erfahrung heraus sehr positiv erwiesen, bei Gehaltsveränderungen eine Bandbreite von 5% bis 10% bezogen auf das Ist-Gehalt vorzusehen (pro Maßnahme). Ob es in niedrigen Gehaltsgruppen sinnvoll ist, Erhöhungsbeiträge unter DM 100 zu vergeben, darf bezweifelt werden.

Entscheidend bei Fragen der Gehaltsveränderung ist jedoch nicht eine unumstößliche Vorgabensumme, sondern Fingerspitzengefühl des Vorgesetzten im Einzelfall.

Kontinuierliche Gehaltsentwicklungen über längere Zeit hinweg wirken in diesem Zusammenhang sicher nachhaltiger als wenige, dafür aber „überdimensionale" Erhöhungen.

Erwähnt werden soll hier noch die weit verbreitete Unsitte von Wirtschaftsmagazinen, den Lesern jedes Jahr aufs neue zu suggerieren, die Einkommenssteigerungen würden ausschließlich vom Verhandlungsgeschick jedes einzelnen abhängen.

Trotz mitgelieferter Tabellen, die ein weites Spektrum der Gehaltssteigerung einbeziehen, können die Mitarbeiter im Normalfall – auch auf Führungskräfteebene – kaum direkten Einfluß auf die Einkommenssteigerungen nehmen.

Im Sinne der angesprochenen Transparenz und Einkommensgerechtigkeit sollten trotz aller Leistungsunterschiede systematische Gehaltsveränderungen Vorzug vor ausgehandelten Lösungen erhalten.

Zukunftsweisendes Nebenleistungs-Cafeteria-System

Personalzusatzleistungen haben heute eine wesentlich andere Funktion als die ehemals etablierten Sozialleistungen. Die Kaufkraft des „normalen" Einkommens hat sich doch so weit entwickelt, daß die darüber hinaus gehenden Leistungen kaum noch sozial wirksamen Charakter haben und heute weitgehend als Motivationsinstrument konzipiert werden können.

Besonders zu beachten ist dabei jedoch, daß diese Leistungen, wenn in Betriebsvereinbarungen verankert, einmal gewährt, später praktisch nicht mehr zurückgedreht werden können. Dem Unternehmen entstehen insofern kaum beeinflußbare fixe Folgekosten, auch dann, wenn es sich formal und ausdrücklich um freiwillige Nebenleistungen handelt.

Die bisher praktizierten Regelungen haben einen vorwiegend starren Charakter und sind eher als Gewohnheitsrecht denn als Motivationsträger zu bezeichnen.

Für die Unternehmen bedeutet dies, daß sie aus Motivationssicht versuchen müssen, flexible individuell variierbare Leistungen zu installieren und dabei die Kosten so gering wie möglich zu halten.[47]

Um effektive Programme konzipieren zu können, ist es für das Unternehmen notwendig, die Bedürfnisstruktur der Mitarbeiter genau zu analysieren; als Hilfsmittel bietet sich hier das Instrument der Personalforschung an.

---

47) CISEK, G.: Umdenken in den betrieblichen Sozialleistungen, in: Personalführung 2/86, Düsseldorf 1986, S. 42–54.

Bei allen Überlegungen ist darauf zu achten, daß die gewährte Leistung für den Mitarbeiter auch tatsächlich einen brauchbaren Nutzen darstellt. So sind zusätzliche Geldleistungen nur bedingt ein Anreiz, da sie im Normalfall mit dem Spitzensteuersatz in bezug auf das „normale" Einkommen durch den Mitarbeiter zu versteuern sind.[48]

Um für die Mitarbeiter einen optimalen Nutzen zu ermöglichen, wenden große Unternehmen heute zunehmend das sogenannte Nebenleistungs-Cafeteria-System an. Dies bedeutet, daß sie den Mitarbeitern ein Bündel von Nebenleistungen, jeweils mit Punktwerten belegt, zur Auswahl anbieten. So haben die Mitarbeiter selbst die Wahl, im Rahmen einer vorgegebenen Punktzahl ihr persönliches Nebenleistungspaket zusammenzustellen.

Beispielsweise ist zur Zeit ein starker Trend zu mehr Freizeit feststellbar, ebenso wie auf der anderen Seite verstärktes Engagement zur Weiterbildung.

Im Rahmen eines Nebenleistungs-Cafeteria-Systems könnte ein Unternehmen versuchen, diese beiden Aspekte miteinander zu verknüpfen und nachfolgende Wahlmöglichkeiten anbieten (auf eine unterschiedliche Punktewertung soll hier verzichtet werden, aber die Wahlmöglichkeiten sind von unterschiedlicher Qualität und damit Bewertung für die Mitarbeiter):

— Teil des normalen Urlaubs ins neue Jahr übertragbar, ggfs. über mehrere Jahre anzusammeln und dann längere Zeit Urlaub machen

— siehe oben, nur mit dem Ziel einer längeren persönlichen Weiterbildung

— Freistellung zur persönlichen Weiterbildung, auch in nicht direkt berufsbezogenen Lerninhalten, z. B. Sprachen (mit oder ohne Bezahlung der Kurse)

— Urlaubsgewährung bzw. bezahlte Freistellung für Seminare oder Forschungstätigkeiten

---

48) JOHANNSOHN, G.: Ein Wegweiser von A – Z für die Betriebspraxis, Lohnsteuerfreie und lohnsteuerbegünstigte Zuwendungen an Arbeitnehmer, in: Personalführung 4/85, Düsseldorf 1985, S. 109 – 115.

– Urlaubsgewährung oder Freistellung für Vorträge oder Lehraufträge

Um auch von den Mitarbeitern selbst ein Zeichen des Engagements zu sehen, empfiehlt es sich, nicht generelle Freistellungen zu erteilen, sondern immer auch persönliche Urlaubsentnahme in angemessenem Rahmen vorzusehen.

In solche Nebenleistungssysteme können auch Instrumente einbezogen werden, die heute noch weitgehend unüblich sind, wie z. B. das Leasing-Auto auch für Nicht-Führungskräfte, Betriebskindergarten, Steuerberatung, Vorsorgeuntersuchungen usw., um einen weiten Bogen aufzuspannen.

Die Möglichkeit, eine Direktversicherung abzuschließen oder verbilligt Kreditkarten, auch für Leihwagen, zu erhalten, ist nicht unter voriger Kategorie zu sehen. Da diese Leistungen für das Unternehmen keinerlei Kosten und Aufwand bedeuten, erscheint es im Sinne einer Personal-Marketing-Konzeption selbstverständlich, diese Vorteile ohne große Auslobung an die Mitarbeiter weiterzugeben.

Insgesamt gesehen kann mit großer Sicherheit damit gerechnet werden, daß sich die Nebenleistungssysteme in Zukunft wesentlich verändern und weitaus stärker auf die individuellen Bedürfnisse der Mitarbeiter abgestellt sein werden.

111

Fazit und Ausblick

Personal-Marketing, wie es in der vorliegenden Arbeit dargestellt wurde, bietet die Chance, das Personalwesen geänderten Anforderungen von Unternehmens-, aber auch Mitarbeiterseite anzupassen.

Der Autor hält dieses Konzept für erfolgversprechend, wenn es darum geht, personalmäßig die Unternehmenszukunft abzusichern.

Trotz dieses Optimismus ist aber auch Personal-Marketing kein Wundermittel und kann sich nur in dem Maße entwickeln, wie das Unternehmen – und damit seine Führungskräfte – bereit sind, den Mitarbeiter als Menschen mit eigener Persönlichkeit in das Unternehmensgeschehen zu integrieren.

Aber auch bei bestem Willen aller Beteiligten wird die Wirksamkeit des Personal-Marketing auch von unternehmensbezogenen Restriktionen begrenzt, die nicht ohne weiteres zu durchbrechen sind.

Nur wer diese Schwachstellen kennt, kann etwas dagegen unternehmen oder zumindest bewußt damit leben.

„Contra-Statements":

- Jahrelange Übung läßt sich nicht kurzfristig und manchmal sogar überhaupt nicht ändern
- Ohne „Goodwill" der Fachvorgesetzten ist moderne Personalarbeit chancenlos
- Vertrauensvolle Personalarbeit ist eine Einstellungsfrage und läßt sich nicht verordnen
- Machtpromotoren setzen sich auch weiterhin durch
- Zeitintensives „Tagesgeschäft" blockiert moderne Personalarbeit
- Personalentwicklungen werden auch zukünftig stark von emotionalen Aspekten geprägt
- trotz positiver Personalarbeit wird es weiterhin unlösbare Personalprobleme geben . . . „die heile Welt gibt es nicht!"

Vorstehende Statements sollten die Grenzen moderner Personalarbeit aufzeigen und deutlich machen, daß ein sinnvolles Konzept seine Bewährung in der alltäglichen Arbeit, auch unter Berücksichtigung der

113

kleinen allzu menschlichen Schwächen, erst bestehen muß, um als erfolgreich zu gelten.

Wir wollen alle dazu beitragen, daß das Personal-Marketing in diesem Sinne auch in der Zukunft noch einiges bewegen wird.

Der Verfasser ist für weitere Anregungen und Erfahrungen zu dem Thema Personal-Marketing sehr dankbar und würde sich über einen kritischen Dialog sehr freuen.

Literaturverzeichnis

ACKERMANN, K.-F./REBER, G.: Personalwirtschaft. Motivationale und kognitive Grundlagen, Stuttgart 1981

BAETHGE, M./OBERBECK, H.: Zukunft der Angestellten. Neue Technologien und berufliche Perspektiven in Büro und Verwaltung, Frankfurt 1986

BENNIS, W./NANUS, B.: Führungskräfte, Frankfurt 1985

BERKEL, K.: Konflikttraining, Heidelberg 1985

BERTHEL, J./KOCH, E.: Karriereplanung und Mitarbeiterförderung, Stuttgart 1985

BIRKWALD, R./PORNSCHLEGEL, H.: Gesicherte arbeitswissenschaftliche Kenntnisse, in: Das Mitbestimmungsgespräch, 19, 6/7, 1973

BITTSCHEIDT, D./NICK, F.: Einarbeitungsprogramm für Hochschulabsolventen, in: Personalwirtschaft 9/85, Frankfurt 1985

BRITSCH, W. A.: Mitarbeiterwerbung – heute von untergeordneter Bedeutung? in: Personalwirtschaft 10/85, Frankfurt 1985

Bundesvereinigung der Arbeitgeberverbände: Unternehmerische Personalpolitik, Köln 1978

BÜHNER, R.: Personalentwicklung für neue Technologien in der Produktion, Stuttgart 1986

BÜRSTNER, H./FRÖHLICH, W.: Assessment-Center in der Praxis – wirksames Instrument der Personalarbeit? in: Personalwirtschaft 1/84, Frankfurt 1984

BUTZ, H.-J.: Zeitgemäße Mitarbeiterführung, Landsberg 1985

CRISAND, E.: Psychologie der Persönlichkeit, Heidelberg 1985

DOMSCH, M./JOCHUM, E. (Hrsg.): Personal-Management in der industriellen Forschung und Entwicklung, Köln 1984

FENNER, U.: Blick nach vorn – Karriere 1990, in: Energie, Jahrg. 38, Nr. 8, August 1986

FRÖHLICH, W.: Qualitative Personalplanung, Frankfurt 1984

ders.: Der Personalbereich, Wandel in Aufgabon und Organisotion, Personal-Info der Computerwoche, Dezember 1984, München 1984

ders.: Qualifikationsanforderungen an Personalleiter und denkbare Auswirkungen auf die Personalarbeit, in: Personalwirtschaft 2/85, Frankfurt 1985

ders.: Hochschulkontakte. Ein Schlüssel erfolgreicher Personalwerbung? in: Dialog 4/86, Informationsbrief der VDI-Nachrichten, Düsseldorf 1986

ders.: Das Personalwesen als Kooperationspartner im Unternehmen, Heidelberg 1987 (im Druck)

FÜRSTENBERG, F.: Qualifikationsstrategien und -perspektiven im Automobilbau. Symposium: Neue Technologien und Entwicklung und Einsatz von Humanressourcen, Wolfsburg 1985

GEBERT, D.: Belastung und Beanspruchung in Organisationen, Stuttgart 1981

GROCHLA, E./THOM, N./STROMBACH, M. E.: Personalentwicklung in Mittelbetrieben. Ein Leitfaden für die Praxis, Köln 1983

GRIMM, W./REIBNITZ, U.: Persönliche Zukunftsbilder: Die Nutzung der Szenario-Methode für die Lebens- und Karriereplanung, in: Personalwirtschaft 3/85, Frankfurt 1985

GROENEWALD, H./HÜNERBERG, R.: Effizientes Konzept der Personalwerbung, in: Personalwirtschaft 6/85, Frankfurt 1985

GROENEWALD, H./HORN, S.: Das Firmenimage der Arbeitsmärkte, wie kann es ermittelt und beeinflußt werden, in: Personalwirtschaft 12/86, Frankfurt 1986

GÜNTHER, J. (Hrsg.): Quo vadis Industriegesellschaft? Perspektiven zu Führungsfragen von morgen, Heidelberg 1984

HARLANDER, N./HEIDACK, C.: Praktisches Lehrbuch Personalwirtschaft, Wiesbaden 1983

HEIDACK, C.: Betriebspsychologie, Betriebssoziologie, Wiesbaden 1983

HEMMERS, K.: Personalbedarfsplanung im indirekten Bereich, 1985

HENZLER, A.: Personal-Image, in: Handwörterbuch des Personalwesens, Stuttgart 1975

HERBER, H. J.: Motivationsanalyse, Sindelfingen 1985

HUNZIKER, P.: Personal-Marketing, Bern 1973

Industriegewerkschaft Metall: Personalplanung und Betriebsrat, Schriftenreihe der IG Metall, Nr. 65, Frankfurt 1976

JESERICH, W.: Assessment-Center, Auswahl und Entwicklung von qualifizierten Mitarbeitern und Führungskräften, Köln 1980

KIRSCH, W./ESSER, W.-M./GABELE, E.: Das Management des geplanten Wandels von Organisationen, Stuttgart 1979

KÖHNE, F.: Die Bedeutung der Arbeit der Ingenieure im Unternehmen. Gestern – heute – morgen. in: 1. VDI-Nachrichten-Forum 1986, Ingenieur-Personalmarkt, Düsseldorf 1986

KOSSBIEL, H. (Hrsg.): Personalentwicklung. Zeitschrift für Betriebswirtschaft, Sonderheft 14, Wiesbaden 1982

KRAMER, R.: Marketing im Personalbereich, Marketing Enzyklopädie, Band 2, München 1974

KRESS, H./LÜNENDONK, T.: Starthilfe für die neue Führungskraft, Hamburg 1984

KRUMMENBACHER, F.: Flexibles Management statt Bürokratie, Landsberg 1985

LEONHARDT, W.: Personal- und Managemententwicklung, Heidelberg 1984

MAIER, K.-D.: Organisationale Karriereplanung, Frankfurt 1980

MARR, R./STITZEL, M.: Personalwirtschaft. Ein konfliktorientierter Ansatz, München 1979

MAUDRICH, E.: Identitätsorientierte Personalanzeigen. Eine noch ungenutzte Chance für ein wirksames Personalmarketing, in: Marketing + Kommunikation 2/85 und 3/85, Essen 1985

MELEZINEK, A./SODAN, G.: Technologietransfer: Kooperation im Dienste des Menschen, Referate des 13. Internationalen Symposiums „Ingenieur-Pädagogik 84", Berlin 1984

MENTZEL, W.: Personalentwicklung, Freiburg 1980

MIEGEL, M.: Sind die Deutschen fauler geworden? Die Arbeit im öffentlichen Bewußtsein, in: Personalführung 1/86, Düsseldorf 1986

NAWROCKI, J.: Personal-Image-Werbung: Ein neues Instrument für den sich wandelnden Arbeitsmarkt, in: Die Zeit, Personalwerbung aktuell, Hamburg 1986

ders.: Neue Media-Alternative bei der Jagd auf Führungskräfte, in: Media-Spektrum 12/86

NEUBERGER, O.: Führungsverhalten und Führungserfolg, Berlin 1976

OLFERT, K./STEINBUCH, P. A.: Personalwirtschaft, Ludwigshafen 1985

o. V.: Die Angst vor der großen Langeweile, in: Manager Magazin 7/86, Hamburg 1986

POSTH. M./STAUDT, E./ZANDER, E.: Personalwirtschaft in Zeiten des Umbruchs, Beiträge zur Gesellschafts- und Bildungspolitik, Nr. 91, Köln 1983

POTTHOFF, E./TUSCHER, K.: Controlling in der Personalwirtschaft, Berlin 1986

RAITHEL, H.: Kultur in Reih und Glied, in: Manager Magazin 7/86, Hamburg 1986

REMER, A.: Personalmanagement, Berlin 1978

REMER, A./WUNDERER, R.: Entwicklungstendenzen im betrieblichen Personalwesen, in: Zeitschrift für betriebswirtschaftliche Forschung, Nr. 11, Wiesbaden 1977

RICHTER, H. E.: Flüchten oder Standhalten?, Reinbek 1980

RICHTER, M.: Personalführung im Betrieb, München 1985

ROSENSTIEL, L. v./FALKENBERG, T., u. a. (Hrsg.): Betriebsklima heute, Ludwigshafen 1983

ROSNER, L.: Persönlichkeitsanalyse und Beurteilung von Bewerbern und Mitarbeitern, Landsberg 1985

ROTENHAN, E. v./SAHM, A.: Mitmenschlichkeit im Betrieb, Landsberg 1986

ROTHKIRCH, C. v./TESSARING, M.: Projektionen des Arbeitskräftebedarfs nach Qualifikationsebenen bis zum Jahre 2000, in: Mitteilungen aus der Arbeitsmarkt- und Berufsforschung, 19. Jahrg. Heft 1, Stuttgart 1986

RUHLEDER, R. H.: Personal-Marketing, in: Personal-Enzyklopädie, Band 3, München 1978

SADOWSKI, D.: Der Stand der betriebswirtschaftlichen Theorie der Personal-planung, in: Zeitschrift für Betriebswirtschaft, Heft 1, 51. Jahrg., Wiesbaden 1981

SAHM, A.: Humanisierung der Arbeitswelt, Freiburg 1976

ders.: Humanisierung im Führungsstil, Frankfurt 1977

ders.: Lernziel: Zusammenarbeit, Frankfurt 1979

ders.: Neue Methoden der Leistungsmotivation, Kissing 1980

ders.: Verhaltenstraining im Betrieb, Frankfurt 1979

ders.: Übungsziel: Führungsverhalten, Berlin 1981

SAHM, A./FRÖHLICH, B.: Führungs- und Kooperationstraining, Frankfurt 1982

SCHEIN, E. H.: Career Anchors and Career Paths: A Panel Study of Management School Graduates, in: Organizational Careers: Some New Perspectives, Hrsg. J. van Maanen, London 1977

SCHMIDBAUER, H.: Personal-Marketing, Essen 1975

SCHÖNHAMMER, R.: Psychologisches Führungstraining und die Mentalität von Führungskräften, Berlin 1985

SCHRÖDER, W.: Die Analyse von Wertstrukturen. Ansatzpunkte des Personal-wesens, in: Personalführung 1/86, Düsseldorf 1986

SCHULER, H./STEHLE, W. (Hrsg.): Biographische Fragebogen als Methode der Personalauswahl, Stuttgart 1985

SEIWERT, L. J.: Vom operativen zum strategischen Personalmarketing, in: Personal-wirtschaft 9/85, Frankfurt 1985

SIGL, A.: Unternehmenskultur: Ist sie für die Praxis von Bedeutung? in: Personal-führung 7/86, Düsseldorf 1986

SIMON, H. A.: Entscheidungsverhalten in Organisationen, Landsberg 1981

SONNTAG, K.: Neue Produktionstechniken und qualifizierte Arbeit, Köln 1985

SPIE, U. (Hrsg.): Personalwesen als Managementaufgabe, Handbuch für die Personalpraxis, Stuttgart 1983

STAEHLE, W.: Management. Eine verhaltenswirtschaftliche Einführung, München 1980

STOPP, U.: Betriebliche Personalwirtschaft, Stuttgart 1980

STRUBE, A.: Mitarbeiterorientierte Personalentwicklungsplanung, Berlin 1982

THOM, N.: Personalentwicklung als Instrument der Unternehmensführung, Stuttgart 1986

VDI-Nachrichten: 1. VDI-Nachrichten-Forum 1986. Ingenieur-Personalmarkt, Düssel-dorf 1986

WAGNER, P.: Personalbeschaffung, Heidelberg 1984

WIESE, G.: Kreatives Technologie-Management, Landsberg 1985

WILMS, D.: Zukunftsorientierte Qualifizierung, Beiträge zur Gesellschafts- und Bildungspolitik Nr. 328, Köln 1978

WÜHRER, G.: Strategien des Personalmanagements, Krefeld 1985

WUNDERER, R.: Personalwerbung, in: Handwörterbuch des Personalwesens, Stuttgart 1975

ders.: Nachfolge, in: Handwörterbuch des Personalwesens, Stuttgart 1975

ders. (Hrsg.): Betriebswirtschaftslehre als Management- und Führungslehre, Stuttgart 1985

WUNDERER, R./GRUNWALD, W.: Führungslehre, Band I und II, Berlin 1980

ZINK, K. J. (Hrsg.): Personalwirtschaftlichte Aspekte neuer Technologien, Berlin 1985